Hessen
E-Government

Die sieben Stufen zum erfolgreichen E-Government

www.hessen.de
www.egovernment.hessen.de

Hessisches Ministerium des Innern und für Sport
Abteilung E-Government und Verwaltungsinformatik
Friedrich-Ebert-Allee 12, 65185 Wiesbaden

www.egovernment.hessen.de
www.hessen.de

Am Buch haben mitgewirkt:

Volker Bouffier, Hessischer Minister des Innern und für Sport

Horst Westerfeld, Staatssekretär und Bevollmächtigter für
E-Government und Informationstechnologie

Harald Lemke, Staatssekretär a. D.

Dr. Annette Schmidt, Dr. Birgit Gregor, Dr. Uwe Grüner,
Prof. Dr. Gora, Dr. Anja Syring, Victor Jurk,
Detlef Knapp, Stefanie Schmidt und Markus Wiegand,
Hessisches Ministerium des Innern und für Sport

Dr. Torsten Guthier und Dr. Holger Hünemohr,
Hessische Staatskanzlei

Patrick Wagner und Stephan Winterling,
Hessisches Ministerium der Justiz

Marcus Sütterlin und Georg Matzner,
Hessisches Landesamt für Straßen- und Verkehrswesen

Eva Ritter und Ralf-Olav Halm,
Hessisches Competence Center für
Neue Verwaltungssteuerung

Layout / Satz: WerbeAtelier Theißen, Lohfelden
Druck: Werbedruck Schreckhase, Spangenberg

Alle Bilder erscheinen mit freundlicher Genehmigung
der genannten Quellen.

ISBN 978-3-938981-02-3

Bibliografische Informationen der Deutschen Bibliothek:
Die Deutsche Bibliothek verzeichnet diese Publikation in der
Deutschen Nationalbibliografie; detaillierte bibliografische
Daten sind im Internet über http://dnb.ddb.de abrufbar.

Grußwort

Innovation ist planbar

Hessen hat sich im April 2003 Innovation in der Verwaltung als politisches Ziel auf die Fahnen geschrieben. Die Messlatte im Regierungsprogramm war hoch gelegt: Hessen sollte im E-Government eine Vorreiterrolle spielen.

Heute, fünf Jahre später, müssen wir uns diesem selbst formulierten Anspruch stellen. Ich bin der Überzeugung, dass die Bilanz sich durchaus sehen lassen kann:

Rechnungswesen, Haushaltsführung, Einkauf, Personalverwaltung und viele andere Prozesse des internen Ressourcenmanagements wurden durch die Neue Verwaltungssteuerung und die flächendeckende Einführung von SAP grundlegend modernisiert.

Dank einer Neuordnung unserer Kommunikationsinfrastruktur sind E-Mail, Verzeichnisdienste, PKI und andere Basisfunktionen standardisiert und zentralisiert. Auf dieser Grundlage wurden weit über 100 Internet- und Intranetsysteme in einem gemeinsamen ressortübergreifenden Auftritt grafisch und technisch standardisiert und in einem Portalsystem integriert, das auch als Integrationsplattform für andere Verwaltungsanwendungen dient.

Hessen führte ein einheitliches Dokumentenmanagement in allen Registraturen ein und stellte die Verwaltung aller Justizvollzugsanstalten auf ein gemeinsames DMS mit einer elektronischen Akte um. Darüber hinaus wurden mithilfe des DMS ausgesuchte Prozesse elektronisch abgebildet: Kabinettssitzungen, Gesetzesvorhaben, Einbürgerungen, Kindertagesstättenförderung und Beihilfen werden in Hessen mit Hilfe von DMS abgewickelt.

Auch mit der Einführung einer zentralen Lehrer- und Schülerdatenbank hat Hessen Neuland betreten. Hessen ist das einzige Flächenland, in dem alle 2.200 Schulen in das Verwaltungsnetz des Landes integriert sind und in dem Schüler, Lehrer, Lehrpläne und Zeugnisse in einem gemeinsamen integrierten System verwaltet werden. Auch wenn dieses Projekt einen unglücklichen und ungewollt medienwirksamen Start hatte, bin ich sicher, dass dieses System am Ende ein großer Erfolg wird.

Dieses Projekt macht aber auch deutlich, dass innovatives Vorangehen mit persönlichen und politischen Risiken verbunden ist, die aber kein Grund dafür sein können, aus Angst vor Schwierigkeiten im Status quo zu verharren. Auch Polizeisysteme POLAS und ComVor wurden unter dem Motto „Per aspera ad astrum" eingeführt und sind heute außerordentlich erfolgreich und beliebt.

Mit diesen Projekten hat Hessen insbesondere seine eigene Landesverwaltung modernisiert. In einem föderalen Staat gibt es jedoch viele Arbeits- und Informationsprozesse, die nicht an den Landesgrenzen enden. Daher gilt: Wenn jeder nur an sich denkt, ist zwar an alle, aber noch lange nicht an alles gedacht. Vor diesem Hintergrund engagiert Hessen sich in länderübergreifenden Kooperationen.

Die Erfolgsgeschichte der polizeilichen Informatik konnte fortgeschrieben werden. Die erfolgreiche Kooperation mit Hamburg und Baden-Württemberg wurde im vergangenen Jahr um Brandenburg erweitert. Inzwischen bearbeiten über 50.000 Polizeibeamte ihre Vorgänge mit ComVor. Das in Hessen beheimatete „INPOL-POLAS Competence Center" (IPCC) stellt für 12 Länder, die Bundespolizei und das Zollkriminalamt die ständige Weiterentwicklung des erfolgreichen Fahndungssystems POLAS sicher.

Auch im föderal organisierten Arbeitsprogramm Deutschland-Online engagiert Hessen sich mit erheblichem Aufwand:

- Das Projekt VEMAGS reorganisiert die Anmeldung von Schwerlasttransporten durch die Einführung eines neuen Systems, das die Planung und Kontrolle solcher Transporte erheblich beschleunigt und für Verwaltung und Güterverkehr einen Gewinn darstellt.

- Das strategische Infrastrukturprojekt Deutschland-Online-Infrastruktur unter der gemeinsamen Federführung vom Bund und von Hessen soll die länderübergreifende Kommunikation der öffentlichen Verwaltung auf eine moderne, sichere und leistungsfähige Grundlage stellen.

- Auch die einheitliche Behördenrufnummer 115, die ab 2008 in vier Modellregionen erprobt werden soll, geht auf eine gemeinsame Initiative von Hessen und Hamburg zurück.

Um die föderale Zusammenarbeit zu institutionalisieren, haben Hamburg und Hessen eine strategische Kooperation beschlossen, innerhalb der die E-Government-Programme zukünftig besser abgestimmt werden sollen.

Und weil innovative Arbeit oft genug die Grenzen unseres Systems berührt, wurde das bundesweit tätige Forschungsinstitut ISPRAT gegründet, in dem Politik, Verwaltung, Wirtschaft und Wissenschaft gemeinsam an den Herausforderungen der Verwaltungsmodernisierung arbeiten.

Dieses und mehr stellt das vorliegende Buch über die gesamten hessischen E-Government-Aktivitäten ausführlich vor. Die Experten aus den verschiedenen Abteilungen und Dienststellen skizzieren die bei ihnen jeweils getroffenen Maßnahmen auf dem Weg zu einer zeitgemäßen, effektiven und mit modernsten technischen Mitteln unterstützten Verwaltung.

Wobei eines nie vergessen werden darf: Jede Verwaltung kann letztlich nur so gut sein, wie die dort arbeitenden Menschen. Technik als Selbstzweck bringt nichts. Auf den Zusammenklang kommt es an. Und der ist im Land Hessen zum Wohle aller glücklicherweise hervorragend.

Volker Bouffier
Hessischer Minister
des Innern und für Sport

1

Die hessische E-Government-Strategie

Ohne Verwaltung herrscht das Chaos. Mit Verwaltung herrscht auch das Chaos. Letzteres behaupten zumindest böswillige Spötter. Dabei wird niemand ernsthaft bezweifeln, dass unser modernes Miteinander unbedingt auch einer funktionierenden Verwaltung bedarf.

Des Pudels Kern liegt einzig darin, wie sie arbeitet. Unter Aktenstaub begraben, bürgerfern und an starre Dienstzeiten gekettet oder schnell, effizient und dank modernster Technik rund um die Uhr geöffnet. Verwaltung heute kann und muss sich an Maßstäben messen lassen, die auch für die Wirtschaft gelten. Produktiv, kompetent, kostengünstig, servicebereit.

Hessen hat dies frühzeitig erkannt. Und so ist das Thema Hessen und E-Government mittlerweile längst eine anerkannte Erfolgsstory. Nicht nur, weil das Land beim 6. E-Government-Wettbewerb unter Schirmherrschaft des Bundesinnenministers in der Kategorie „Effizienteste Organisationsveränderung" den ersten Preis geholt hat. Die Jury wertete die Anstrengungen so: „Überzeugende E-Government-Lösungen weisen hohe Wirtschaftlichkeit und Nutzerzahlen auf, sonst werden sie zu digitalen Bürokratien. Hessens Masterplan hat dies von Anfang an berücksichtigt, wie die ersten Realisierungen zeigen." Und erstmals in der Geschichte hat sich eine ministeriale Behörde im Rahmen eines Wettbewerbs der angesehenen „Computerwoche" gegen Mitbewerber aus der Wirtschaft durchgesetzt. Mit dem Verfahren für die elektronische Bearbeitung von Beihilfeanträgen der Landesbediensteten („E-Beihilfe") stand Hessen auf dem Siegerpodest in der Kategorie „Performance Optimierung".

Die Anfänge auf dem dornigen Weg zu einer zeitgemäßen Verwaltung liegen fünf Jahre zurück. Ministerpräsident Roland Koch schrieb die Aufgabe im Regierungsprogramm von 2003 fest. Eine knapp gehaltene, dafür sehr präzise Maßgabe: Hessen ist bundesweit als Vorreiter beim E-Government zu positionieren. Eine Aufgabe, die sich aus rund 100 Einzelprojekten zusammensetzte. Mit Hilfe modernster IT-Technik sollte landesweit schneller, kostengünstiger und damit natürlich auch bürgerfreundlicher gearbeitet und verwaltet werden.

So bahnbrechend Kochs Ziel, so ungewöhnlich auch seine Lösungs-methode. Für die Umsetzung berief er im April 2003 mit Harald Lemke einen Bevollmächtigten für Informationstechnik und E-Government im Range eines Staatssekretärs in die Landesregierung. Nach dem Vorbild der freien Wirtschaft nahm Lemke die Rolle eines CIOs für Hessen wahr. Bis heute ein einmaliger Vorgang in der Bundesrepublik.

Wie jeder Staatssekretär fungierte der frühere IT-Direktor des Bundeskrimi-nalamtes zunächst als Bindeglied zwischen Politik und Landesverwaltung. Das Besondere an seiner Position im hessischen Modell war die Quer-schnittsaufgabe. Lemke, der zwischenzeitlich zum erfolgreichsten europäi-schen IT-Manager der Öffentlichen Verwaltung gewählt wurde, war auch für die ressortübergreifende Koordination verantwortlich. Ihm zur Seite stand zunächst die Stabsstelle E-Government, später die Abteilung E-Government und Verwaltungsinformatik im Innenministerium, von wo aus die strategi-schen Projekte zentral geleitet werden.

Für die Umsetzung des hessischen E-Government-Programms war ein Startbudget von 50 Millionen Euro vorgesehen. Hinzu kamen spezielle Projektbudgets für die Neue Verwaltungssteuerung und das Dokumenten-management. Mit den laufenden Kosten der bestehenden Verfahren steuert der CIO ein jährliches Gesamtbudget von ca. 300 Millionen Euro.

Das sieht zunächst nach sehr viel Geld aus. Berücksichtigt man, dass mit die-sem Budget 60.000 PCs in der Landesverwaltung betrieben werden, so sind 5.000 Euro pro PC ein sehr moderater Wert, wenn man ihn mit der Wirt-schaft vergleicht. Zumal kaum ein Wirtschaftsunternehmen eine vergleich-bare Diversität wie eine Landesverwaltung hat.

Entscheidende Arbeitsgrundlage in der hessischen Strategie war der speziell aufgestellte E-Government-Masterplan, entwickelt anhand der Vorgaben des Regierungsprogramms. Lemke formulierte darin eine einheit-liche, verbindliche Richtschnur für die komplette Verwaltung und damit für sämtliche 60.000 hessischen PC-Behördenarbeitsplätze.

Festgesetzte IT-Standards binden seitdem sämtliche Ressorts und schließen IT-Einzelaktionen aus. Allerdings wurde darauf geachtet, bereits getätigte Investitionen zu integrieren und nicht zu Fehlinvestitionen mutieren zu lassen. Wo es sinnvoll und möglich war, wurden vorhandene hessische Systeme übernommen. Teilweise wurden Altsysteme durch neue, für alle Behörden einheitliche Lösungen ersetzt. Der Masterplan berücksichtigte vorhandene Verfahren und De-facto-Standards. So ließen sich bestehende Investitionen und vorhandenes Wissen optimal nutzen.

Ein neues Budgetgesetz sperrte zusätzlich Ausgaben für solche Projekte, die nicht Standard-konform waren und keine Ausnahmegenehmigung des CIOs hatten. Lemke schied Mitte Juni 2008 aus dem Amt. Sein Nachfolger in gleicher Position ist Staatssekretär Horst Westerfeld. Ministerpräsident Koch betonte bei Lemkes Abschied: „Hessen ist dank seines beharrlichen Engagements inzwischen führend in der Informationstechnologie und damit Vorreiter bei der Modernisierung der Verwaltung."

Der Masterplan brachte die rund 100 Einzelprojekte unter finanziellen und personellen Aspekten in eine zeitliche Reihenfolge. Alle Entscheidungsträger hatten dadurch die notwendigen Informationen in zusammenhängender und konsistenter Form zur Verfügung. Praktisch gliederte sich dieser Masterplan in vier Felder:

1 Das Hessen Corporate Network (HCN)

Es ist das Fundament der hessischen E-Government-Architektur und umfasst das gemeinsame Netzwerk für sämtliche Dienststellen, Verzeichnisse und eine einheitliche E-Mail-Infrastruktur. Früher betrieben nahezu alle Behörden des Landes ihre eigene IT-Infrastruktur. Die standardisierte Kommunikationsplattform vereinfacht die Arbeit für alle Beschäftigten wesentlich.

2 Das elektronische Dokumenten- und Workflow Management (DMS)

Im Rahmen einer Kabinettsentscheidung hat Hessen die Einführung eines einheitlichen Dokumentenmanagementsystems für die gesamte Landesverwaltung festgelegt. Dank DMS können alle Dienststellen ihre Akten elektronisch untereinander austauschen – Hessen hat als erstes Land sein Kabinett damit ausgestattet.

DMS-Ausgangspunkt sind die Registraturen. Dort werden alle im Posteingang gescannten Dokumente mit Metadaten gekennzeichnet und im System erfasst. Dabei werden zu den Metainformationen auch die elektronischen Dokumente selbst in die E-Akte übernommen. Das kann durch das Importieren von elektronischen Dokumenten, E-Mails, Fax-Dokumenten oder das Scannen von Papierdokumenten geschehen.

Auf der Ebene der Sachbearbeitung erweitert DMS die elektronische Aktenablage um Funktionen, die das Bearbeiten von Vorgängen vereinfachen und nachvollziehbar machen. Letztlich können jetzt alle Dienststellen ihre Akten elektronisch untereinander austauschen.

E-Mails können direkt der E-Akte zugeordnet werden. Die Ablage erfolgt zentral im DMS. Mitarbeiter können aus dem DMS heraus eine E-Mail verschicken. Geht die Mail an einen Mitarbeiter der Landesverwaltung, genügt als Anlage der „Link" auf den Speicherort im DMS. Über E-Mail-Benachrichtigungsfunktionen ist es möglich, Kollegen automatisch auf Änderungen in Dokumenten oder Akten hinzuweisen.

Will ein Mitarbeiter einen Bescheid oder einen Beleg erstellen, kann er dazu die benötigten Daten – Adressen oder Kennziffern – aus dem SAP-System verwenden. Das System versendet die fertigen Belege automatisch und ordnet sie der elektronischen Akte zu. Eingangsrechnungen werden gescannt und mit Daten wie Lieferantenadressen, Auftrags- und Rechnungsnummern oder Bankverbindungen direkt in die SAP-Bearbeitungsmasken übertragen.

3 Die Neue Verwaltungssteuerung (NVS)

In der hessischen Landesverwaltung ist SAP in jeder denkbaren Form eingeführt. Buchhaltung, Kostenrechnung, Personalverwaltung, Personalabrechnung, Einkauf und Lagerhaltung – alles läuft inzwischen über das
SAP-System. Durch die Einführung der doppelten Buchführung (Doppik)
und moderner Managementmethoden wie der Balanced Scorecard
– gestützt durch betriebswirtschaftliche Standardsoftware – erhielt das Land
erstmals echte Kostentransparenz in allen staatlichen Leistungen.

4 Das Portal

Nach innen und außen präsentiert sich das hessische E-Government-System durch das Portal. Nicht zuletzt durch dieses ressortübergreifende Portal zeigt Hessen, wie fachlich eigenständige Ministerien als „Konzern Hessen" zusammenwachsen und über Abteilungsgrenzen hinweg eng zusammenarbeiten. Beweis dafür, dass verfassungsrechtlich verankerte Ressorthoheit Effizienz zum Wohle von Bürger und Steuerzahler nicht ausschließt.

Das Projekt „Hessenportal" wurde zum Jahresende 2007 erfolgreich abgeschlossen. Jetzt steht intern und extern ein Portalsystem zur Verfügung, mit dem quasi auf Knopfdruck einige hundert Internetauftritte der Landesverwaltung direkt abrufbar sind. Damit ist nicht nur die frühere verwirrende Vielfalt durch eine große Lösung ersetzt, sondern auch ein Mehrwert für alle Interessensgruppen erreicht. Heute bietet das Hessenportal eine sichere, breite Palette an Informationen und Hilfestellungen aus jedem Bereich.

Die Implementierung eines einheitlichen Portals über alle Ministerien hinweg zeigt, dass sich technische Mauern zwischen unterschiedlichen Systemwelten überwinden lassen. Auch interne Verfahren – Zeiterfassung, Mitarbeiter- und Organisationsinformationen, juristische Informationssysteme, Ressourcenmanagement – sind in das Mitarbeiterportal integriert. Neue Verfahren wie die elektronische Einbürgerung vernetzen über das Portal die Landes- und Kommunalverwaltung.

Auf keinen Fall soll Hessens Masterplan ein Alleingang werden. Das Konzept räumt der Kommunikation mit Bund, Ländern und Kommunen einerseits sowie IKT-Branche, Wissenschaft, Bürgern und Wirtschaft andererseits hohen Stellenwert ein. Das zeigen Kooperationen sowohl mit anderen Bundesländern als auch mit der ekom21, dem IT-Dienstleister der hessischen Kommunen. Auch bei Deutschland-Online steht Hessen für die Weiterentwicklung des E-Governments in Deutschland. Gleichzeitig garantieren gemeinsame Projekte mit strategischen Partnern aus der IKT-Industrie und Wissenschaft, dass die hessische E-Government-Strategie stets aktuellen Entwicklungen angepasst wird.

2

Leitideen

2.1 Standardisierung

Nur wenn verschiedene strategische IT-Bereiche standardisiert
sind, lassen sich effizientere Verwaltungsstrukturen schaffen. Es
gilt also, Steuerungselemente oder die Netzinfrastruktur mit ihren
Querschnittsverfahren zu vereinheitlichen. Erst nach Lösung dieser
Aufgabe sind besserer Informationsaustausch, übergreifende
Interoperabilität sowie zielorientierte Steuerung gewährleistet.

A Herausforderung DMS

Papierloser Austausch im täglichen Arbeitsablauf – etwa per E-Mail –
ist zum Alltag, wenn auch noch nicht selbstverständlich geworden.
Dass dies funktioniert, dafür sorgt ein Dokumentenmanagementsystem (DMS) in der hessischen Landesverwaltung. Es ermöglicht zeitgemäßes Arbeiten mit den heute verfügbaren technischen Mitteln.
Der Weg dorthin war jedoch nicht einfach zu meistern.

B IT-Controlling in E-Government-Projekten

Dieser Vorgang beinhaltet die Anwendung des Controlling-Konzeptes auf den gesamten Einsatzbereich der Informations- und Kommunikationstechnologien. IT-Controlling sammelt steuerungsrelevante
Daten und bereitet sie auf. Insgesamt liefert dieser Bereich eine
permanent verfügbare Steuerungsgrundlage für das IT-Management,
bei der insbesondere auch politische und organisatorische Aspekte
zu berücksichtigen sind.

C Das Projekthandbuch für die E-Government-Projekte

Um die Ziele des Masterplans umzusetzen, wurde eine spezielle
Projektorganisation etabliert. Darin bilden die vier zentralen Säulen
NVS, Hessenportal, DMS und HCN die Schwerpunkte. Vor diesem
Hintergrund mussten gemeinsame „Spielregeln" für die Projekte und
die Zusammenarbeit in den Projekten erarbeitet werden. Sie sind im
Projekthandbuch verbindlich zusammengefasst.

A Herausforderungen bei der Einführung eines Dokumentenmanagementsystems in großen Verwaltungsorganisationen

Jene Zeiten, in denen Informationen „schwarz auf weiß" vorliegen mussten, um gültig zu sein, liegen auch in der Verwaltung schon länger zurück. Der papierlose Austausch von Nachrichten, Anträgen und Auskünften, etwa per E-Mail, ist in vielen Behörden zum Alltag – wenn auch noch nicht überall zur Selbstverständlichkeit – geworden.

Die Einführung eines Dokumentenmanagementsystems (DMS) in der hessischen Landesverwaltung trägt diesen Umständen Rechnung. Sie ermöglicht zeitgemäßes Arbeiten mit den heute verfügbaren technischen Mitteln. Der Weg dorthin ist jedoch nicht einfach zu meistern. Dieses Ziel zu erreichen ist mit vielfältigen Herausforderungen versehen, die sich in den verschiedensten Handlungsfeldern stellen.

Um die wesentlichen Ansatzpunkte dafür zu skizzieren, lohnt es sich die Grundüberlegungen für die Einführung eines DMS noch einmal vor Augen zu führen:

- DMS ist eine Grundlagentechnologie, wie Telefon und E-Mail.
- DMS wird deshalb neben Office, Outlook & Co. zum zentralen Teil des integrierten Verwaltungsarbeitsplatzes.
- Die Einführung von DMS geht mit der Veränderung von Verwaltungsorganisation und -recht Hand in Hand.
- Die wirtschaftlich, technisch und organisatorisch beste Ausstattung der gesamten Verwaltung kann nur mit einem standardisierten DMS gelingen.

Ausgangssituation und erreichter Stand

In der hessischen Landesverwaltung sind rund 50.000 Arbeitsplätze in der Staatskanzlei, den acht Ministerien und über 800 Dienststellen für die DMS-Ausstattung geeignet. Diese Größenordnung zeigt, dass die Aufgabe ohne ressort- und organisationsübergreifende Herangehensweise nicht zu bewältigen ist. Der E-Government-Masterplan 2003 – 2008 beinhaltet deshalb das Thema „DMS" als eines der großen E-Government-Projekte.

Zur Problemlösung wurde ein Produktmanagement in der Abteilung „E-Government und Verwaltungsinformatik" im Hessischen Ministerium des Innern und für Sport eingerichtet sowie ein zentrales Projekt zur Koordination und Steuerung der Einführung in den verschiedenen Dienststellen sowie zum Aufbau einer zentralen Infrastruktur eingesetzt. Dabei bilden interne Landesbedienstete sowie externe Mitarbeiter das Projektteam.

In den jeweiligen Dienststellen gibt es eine Projektorganisation aus zentralen Ansprechpartnern (Ressortbeauftragte) und Umsetzungsprojektleitungen. Unterstützt vom zentralen Projektteam nehmen sie die konkrete Einführung vor Ort vor.

Der Aufbau einer zentralen Plattform für die DMS-Anwendungen erfolgt beim landeseigenen Dienstleister, der Hessischen Zentrale für Datenverarbeitung. Bis Ende 2007 wurden vier Ministerien flächendeckend und insgesamt über 4.000 Arbeitsplätze mit der DMS Funktionalität ausgestattet.

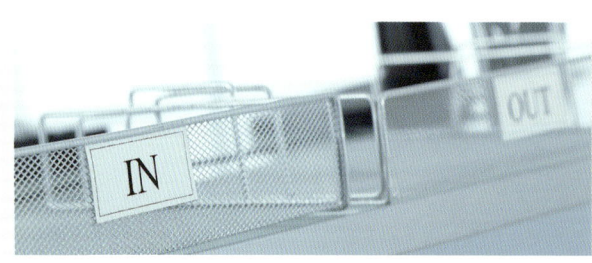

Herausforderungen bei der Einführung eines DMS

Auswahl und technischer Aufbau eines DMS mit der geeigneten Infrastruktur stehen oft im Vordergrund der Überlegungen. In der Praxis hat sich allerdings gezeigt, dass vor allem organisatorische und politische Rahmenbedingungen ausschlaggebend sind. Dies lässt sich aus den hessischen Erfahrungen klar ableiten. Politisches „Commitment" und nachhaltige Unterstützung der Führungskräfte sind für den Erfolg eines derartigen Projektes entscheidende Voraussetzungen.

In Hessen erfolgte der Start in ein DMS auf Kabinettsebene mit der Entwicklung eines „Kabinettinformationssystems" (E-KIS). Parallel dazu begann die Arbeit in einer Flächenverwaltung, dem hessischen Justizvollzug. Hier wurde der komplette elektronische Geschäftsgang eingeführt und gleichzeitig die Organisation gestrafft. Die Behandlung der gesamten Eingangsbearbeitung und Registratur des Justizvollzugs wurde in vier Verwaltungszentren konzentriert.

Nachdem sich das DMS in mehreren Aufgabenstellungen, wie etwa der flächendeckenden Umstellung aller Registraturen der Ministerien und der Staatskanzlei auf ein einheitliches System, bewährt hatte, begann im Dezember 2005 die weitere Einführung. In dieser Phase ging es zunächst um die Bearbeiter in den obersten Landesbehörden mit dem Ministerium für Wirtschaft, Verkehr und Landesentwicklung. Ab 2006 folgten weitere Ministerien.

Die Behörden konnten zwischen unterschiedlichen Stufen der Einführung wählen (siehe Abbildung Seite 18), um den Einstieg in das DMS ihrer jeweiligen Situation anzupassen. In jeder Stufe der Einführung gibt es Projekte, die auf das Ziel der elektronischen Akte hinführen sollen.

Mittlerweile wird die weitere Einführung fortgesetzt. Sie orientiert sich am Bedarf sowohl für den Bereich der Ministerien als auch in den nachgeordneten Verwaltungsdienststellen.

Scannen und Registratur	▪ Ablösung Altsystem ▪ Datensammlung für Bearbeitung
Elektronische Akte: Recherche	▪ Zeit- und ortsunabhängige Verfügbarkeit von Akten ▪ gezielter Informationszugriff
Elektronische Akte: eigene Bearbeitung	▪ vollständige elektronische Akte ▪ Nutzung von elektronischen Informationen in der Bearbeitung
Vorgangs- bearbeitung	▪ beschleunigte Bearbeitung ▪ jederzeit sichtbarer Sachstand

Stufen der Einführung mit zugeordneten Vorteilen

Die Umsetzung

In den unterschiedlichen Projekten zur DMS-Einführung haben sich sowohl die organisationsbezogene Umsetzung als auch die prozessbezogene bewährt.

Einerseits wurden prozessorientiert geeignete Massenprozesse mit einem DMS ausgestattet. Dazu gehören etwa E-Einbürgerung (Bearbeitung von Einbürgerungsanträgen über mehrere Ebenen der Verwaltung hinweg), eRV-OWi (medienbruchfreie Bearbeitung von Bußgeldverfahren im Straßenverkehr zwischen zentraler Bußgeldstelle, Staatsanwaltschaft und Gericht) oder auch E-Beihilfe (komplett elektronische Bearbeitung von Beihilfeanträgen). Diese Verfahren nutzen das DMS zur elektronischen Unterstützung der weitgehend vorgegebenen Struktur der Bearbeitungsprozesse. Erreicht wird damit unter anderem eine erhebliche Beschleunigung der Vorgänge.

Andererseits wurde auf der ministeriellen Ebene die vollständige Ausstattung von Organisationseinheiten vorangebracht und zum großen Teil schon realisiert, dies mit dem Ziel, alle Ministerien komplett mit DMS ausgestattet zu haben, um den Weg zur führenden E-Akte (weitgehend) ohne Medienbrüche zu gestalten.

Anspruch bei diesem Vorgehen ist, dass sowohl die fachlichen Prozesse als auch die reine Aktenbearbeitung auf Basis eines einheitlichen DMS und einer gemeinsamen IT-Infrastruktur ablaufen. Dazu wurden die Anwendungen in eine „baukastenorientierte" Architektur gebracht, die in einem vorgegebenen Rahmen individuelle Ergänzungen und Anpassungen ermöglicht.

Standardisierung vs. Individualität

Die Verfassung garantiert verschiedenen Organen und Behörden eine weit-gehende Unabhängigkeit[1]. Zum Teil wird dies so ausgelegt, dass auch eine freie Selbstbestimmung bei der Wahl der Arbeitsmittel besteht. Das läuft jedoch dem mit der Einführung einer Standardsoftware angestrebten Ziel der Standardisierung entgegen. Das Angebot, viele stark unterschiedliche Konfigurationen zuzulassen und womöglich individuelle Programmanpas-sungen vorzunehmen, ist nur vordergründig ein tragfähiger Kompromiss. Tatsächlich ergeben sich daraus viele Schwierigkeiten. Das beginnt beim deutlich komplizierteren Test einer neuen Anwendungsversion und reicht bis zum erhöhten Aufwand in der Betriebsführung.

Ein DMS erzeugt nicht allein von sich aus geordnete Datenbestände und leicht auffindbare Informationen. Vielmehr kommt es darauf an, die Ord-nung schon im Vorfeld der Einführung durch vereinheitlichte und gestraffte Aktenpläne, durch die Überprüfung von existierenden Abläufen und Kom-munikationsbeziehungen sowie durch einheitliche Regelungen zur Behand-lung der Eingangspost vorzubereiten. Das kann Veränderungen in bislang gewohnten, lokal unterschiedlichen Strukturen bedeuten. Deshalb müssen die Beteiligten ein gemeinsames Handeln vereinbaren und pflegen.

Umgekehrt hat das System flexibel genug zu sein, auf begründete fachliche Notwendigkeiten eingehen zu können. So wurde in Hessen ein „Erweite-rungsrahmen" definiert. Dadurch kann das DMS so konfiguriert werden, dass auch rein fachliche Daten abgelegt und recherchiert werden können – ohne das Ziel der Standardisierung in einem gemeinsamen DMS aufzugeben.

Dieser Rahmen kommt beispielsweise im neuen Projekt E-Norm zum Ein-satz, das die Gesetzgebungsverfahren des Bundes und des Landes Hessen auf Basis des standardisierten DMS (erweitert um die Möglichkeit der Ablage und der Suche von Informationen, die spezifisch für Gesetzgebungs-verfahren sind) unterstützen wird.

---

1 Siehe z. B. GG Art 65 sowie HV Art 102: Unabhängigkeit des ministeriellen Handelns (Ressortunabhängigkeit); GG Art 20 / 92 / 97: richterliche Unabhängig-keit; GG Art 5: Unabhängigkeit von Wissenschaft, Forchung und Lehre; GG Art 114 (2), HV Art 144 in Verbindung mit dem jeweils entsprechenden Rechnungshofgesetz.

Veränderungen mit DMS – Die Akzeptanz der DMS-Nutzer

Die Rückmeldungen der Beschäftigten, die bereits mit dem DMS arbeiten, sind durchaus unterschiedlich. Sie reichen von Begeisterung bis hin zu Frust über Benutzeroberflächen oder Menüführung, die sich nicht intuitiv erschließen. Um diese unterschiedlichen Wahrnehmungen nachvollziehen zu können, muss man sich vor Augen führen:

Mit einem DMS kehrt der „programmierte Zwang zur Ordnung" in die Aktenführung ein. Das ist in einer Verwaltung nichts Neues, jedoch nach vielen Jahren der „Freiheit" etwas Ungewohntes. Der Bearbeiter ist selbst für seine Akten im DMS verantwortlich. Er hat auf die Einhaltung der vorgegebenen, teils im System hinterlegten Regelungen (Registraturrichtlinie, Geschäftsordnungen) zu achten. Hinzu kommen vorgabenkonforme Zugriffsregelungen, die als restriktiv und nutzenmindernd empfunden werden.

Diese Rückbesinnung auf originäre Regeln des Verwaltungshandelns verdeutlicht das Dilemma bei der Einführung vieler Softwaresysteme. Ohne gleichzeitige Anpassung der Organisation, der Prozesse und der Vorgaben kann nur der „gewachsene" Stand im System abgebildet werden – dies aber mit einer technischen Stringenz, die im Ergebnis deutlich macht, dass dies nicht praktikabel ist.

Dieser Eindruck verstärkt sich besonders in Bereichen, in denen die Tätigkeitsschwerpunkte auf informationellen Abstimmungs- oder Ad-hoc-Prozessen liegen. Die nämlich lassen sich ohnehin schwer in ein Vorgabenschema pressen, geschweige denn systematisiert in einem DMS abbilden.

Es muss also betrachtet werden, wofür genau ein DMS einzusetzen ist. Da alle aktenrelevanten Informationen systemseitig abgebildet werden, ist es möglich, im DMS Akten oder Vorgänge anzulegen, Dokumente zu erstellen, Vermerke zu vergeben oder Dateien wie E-Mails hinzuzufügen. Als „Hilfsmittel" dienen bekannte Programme wie Word oder Outlook. Über das DMS erstellte Dokumente werden bei Änderungen entsprechend versioniert und revisionssicher vorgehalten.

Die bisherigen Erfahrungen haben gezeigt, dass vieles nicht aktenrelevant ist. Während des Bearbeitungs- und Abstimmungsprozesses werden Informationen in Handakten gesammelt oder Zwischenstände von Dokumenten erstellt, die grundsätzlich nicht aufbewahrt werden müssen. Um dennoch auch derartige Informationen zur Verfügung stellen zu können, bietet sich eine gemeinsame Plattform zum Austausch dieser Dokumentinformationen an. Derzeit werden neue technische Möglichkeiten und diese besonders im Zusammenspiel mit dem DMS evaluiert.

Damit ist das DMS um die Vorstufe der Dokumente aus Handakten und informationellen Abstimmungsprozessen entlastet. Im DMS werden ausschließlich aktenrelevante Dokumente und Vorgänge geführt.

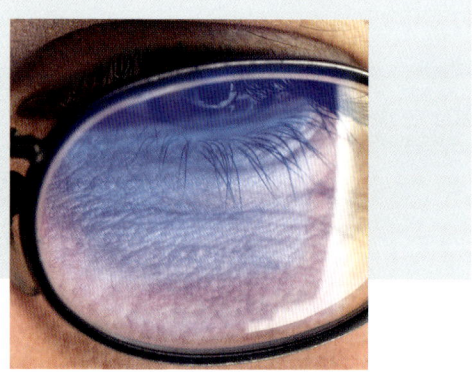

Soviel E-Akte wie möglich – so wenig Papier wie nötig

Solange die Papierakte weiterhin führend ist, erzeugt die Einführung eines DMS zusätzlichen Arbeitsaufwand für die Pflege der elektronischen Akte. Dem gegenüber steht der Nutzen einer sofortigen Verfügbarkeit von Informationen. Dennoch wird der Bearbeiter in der Regel auf den Eingang des Papiers warten, bevor er aktiv wird. Der entscheidende Vorteil einer elektronischen Akte und der schnellen Verbreitung von Informationen wird erst ersichtlich, wenn auf die papiergebundene Bearbeitung und Weiterleitung weitgehend verzichtet wird. Zu empfehlen ist eine Stichtagsregelung, um die Umstellung auf elektronische Bearbeitung verbindlich umzusetzen. In vielen Fällen kann bereits heute die Bearbeitung vollständig elektronisch ablaufen.

Vorbehalte gegenüber dem Umstieg auf die elektronische Bearbeitung gründen sich oft auf den Verdacht, dieses sei nicht rechtssicher genug und benötige mindestens die qualifizierte Signatur. Bisherige Diskussionen in Hessen haben aber gezeigt, dass dies für die behördeninterne Kommunikation in der Regel nicht gilt. Verschiedene bestehende Richtlinien (gemeinsame Geschäftsordnung der Ministerien, Aktenführungserlass) unterstützen bereits die elektronische Kommunikation und bedürfen lediglich der weitergehenden Umsetzung in die Praxis.

Ausblick

Die Erfahrung aus der DMS-Einführung in Hessen hat gezeigt, dass nicht alles behördliche Handeln unmittelbar aktengebunden ist. Manche Ideen und Entwürfe werden vielleicht nie zum Vorgang. Sie sollten aber trotzdem anderen mitgeteilt werden. Moderne Formen des informellen Austauschs wie Diskussionsforen und Internet-basierte Teamräume werden diesen Bedürfnissen gerecht. Diese Arbeitsformen betreffen aber ebenfalls das Handling von Dokumenten (siehe Abbildung).

Künftig sind weitere Entwicklungen weg von der reinen Dokumenten- und Vorgangsbearbeitung hin zu übergreifenden Angeboten denkbar, beispielsweise das Angebot eines DMS als Dienstleistung („Service") neben anderen Services unter einer einheitlichen Benutzeroberfläche.

Einige entscheidende Schritte auf dem Weg zum DMS in der hessischen Landesverwaltung sind bereits gegangen. Jetzt gilt es, das Erreichte auszubauen und den weiteren Weg der Einführung sinnvoll – auf Basis der gewonnenen Erfahrungen – zu gestalten.

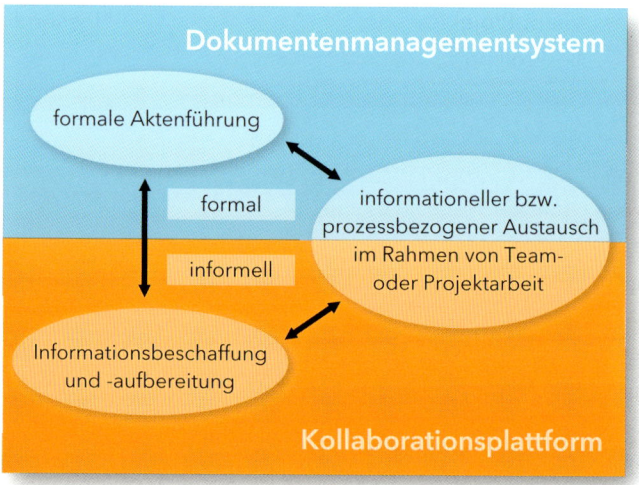

Formales und informelles Arbeiten

B IT-Controlling in E-Government-Projekten

Hintergrund und Motivation

Erfassung, Überwachung und Steuerung von IT-Kosten sind wesentliche Elemente eines leistungsfähigen Finanz- und Budgetcontrollings im Bereich der Informationstechnik. Dies gilt umso mehr für E-Government-Projekte, die organisatorisch und technisch besonders komplex sind und deshalb besondere Maßnahmen erforderlich machen.

IT-Controlling ist eine Unterkategorie eines organisationsweiten Controllings. Es beinhaltet die Anwendung des Controlling-Konzeptes auf den gesamten Einsatzbereich der Informations- und Kommunikationstechnologien. Dabei soll IT-Controlling steuerungsrelevante Daten sammeln und aufbereiten. Dazu Auswertungen oder Abweichungsanalysen bereitstellen, Korrekturmaßnahmen vorschlagen und Entscheidungsträger beraten. Insgesamt gesehen muss IT-Controlling also eine permanent verfügbare Steuerungsgrundlage für das IT-Management liefern.

Bei E-Government-Projekten besteht eine äußerst hohe Notwendigkeit für effektives IT-Controlling, um auf dieser Basis die Einhaltung des vorgegebenen Budgets, der Projektdauer und der fachlichen Anforderungen sicherzustellen. IT-Projekte im E-Government sind fachlich meist einmalig. Schon allein deshalb ist Benchmarking und Vergleichbarkeit zu Projekten anderer Landesverwaltungen nur sehr eingeschränkt möglich. Umso wichtiger ist die Installation eines Überwachungssystems auf der Grundlage des jeweiligen Projektfinanzplans. Nur so lassen sich die Ausgaben steuern und die Überwachung der vereinbarten Leistungen sicherstellen. Beides sind unverzichtbare Voraussetzungen, um zu einem erfolgreichen und wirtschaftlichen Projektabschluss zu kommen.

In der Vergangenheit haben sich in den IT-Projekten der hessischen Landesregierung unterschiedliche Systematiken und Methoden etabliert, mit denen die IT-Kosten erfasst, überwacht und gesteuert wurden. Zusätzlich war der Detaillierungsgrad der angewendeten Methodiken unterschiedlich. Das erschwerte die Vergleichbarkeit der Aufwands- und Kostendaten.

Vor diesem Hintergrund wurde 2005 ein Konzept zur Standardisierung der IT-Kostenstrukturen und Aufbau eines Finanzcontrollings erarbeitet. Ursprünglich war dieser Plan nur für die zentralen E-Government-Projekträume (wie Portal, Dokumentenmanagement oder Basisinfrastrukturdienste) vorgesehen. Mit Jahresbeginn 2007 wurde er jedoch landesweit einheitlich für alle IT-Kosten (Projekte und Verfahren) eingeführt.

Ziele

Eine inhaltlich fundierte Planung der finanziellen Budgets und zeitnahe Informationsbereitstellung über alle wichtigen finanziellen Steuerungsgrößen ist die Grundvoraussetzung, um negative oder ungewollte Entwicklungen identifizieren und angemessen reagieren zu können. Aufgrund der Komplexität der E-Government-Projekte und des Betriebs der IT-Verfahren sowie der Vielzahl von beteiligten Verwaltungseinheiten und Firmen ist es notwendig, eine angemessene Methodik zur Planung, Überwachung und Steuerung der Finanzdaten zu installieren.

Diese Umstände erfordern eine einheitliche Definition von IT-Kostenstrukturen sowie die Erfassung der Kosten in den einzelnen Projekten und im Betrieb. Nur so lässt sich eine Vielzahl wichtiger Aufgaben und Ziele präzise verfolgen:

- Transparenz der Kosten für die politische Ebene und damit auch Transparenz der erreichten Leistungen und Strukturverbesserungen mit langfristiger Auswirkung

- Informationsverbesserung durch strategische und operative Verfolgung der Kostenentwicklung sowie Abgleich mit den erreichten Ergebnissen bzw. erbrachten Leistungen

- Bessere Auskunftsfähigkeit und Steuerungsmöglichkeit

- Hohe Planungssicherheit durch Herunterbrechen von generellen Zielen in überschaubare und überwachbare Einzelziele und Detailergebnisse

- Reduzierung von Risiken durch rechtzeitiges Erkennen und Gegensteuern bei Abweichungen

- Verbesserung der Wirtschaftlichkeit und Zielorientierung von projektbezogenen Maßnahmen und Aktivitäten

Projektkostenträger

Die konzeptionelle Grundlage bildet ein IT-Kostenmodell, auf dessen Basis sich Aufwände und Kosten für IT-Projekte speichern und auswerten lassen. Wesentlich ist, dass durch die Festlegung der Kostenstrukturen auch die Art und Granularität der Auswertungen bestimmt werden. Detailaussagen (etwa über die Höhe der Schulungsaufwände) sind nur dann möglich, wenn der entsprechende Kostenträger (z. B. Schulung) definiert ist und auch entsprechend bebucht wird.

Anfallende Aktivitäten in den verschiedenen Projekten werden üblicherweise in unterschiedliche Phasen (Planung, Entwicklung, Schulung, Einführung) aufgeteilt. Darüber hinaus gibt es Aufgaben und Leistungen, die unabhängig von den einzelnen Projektphasen vorkommen. Beispiele hierfür sind das Projekt- und das Qualitätsmanagement. Sie sind bei einem ordnungsgemäß aufgesetzten Projekt in allen Phasen vorhanden und sollten durchgeführt werden.

Die Gruppenkostenträger entsprechen der obersten Ebene der Kostenträgerabbildung. Die vorliegende Strukturierung der Projektkostenträger auf Gruppen- und Untergruppenebene ist für die E-Government-Projekte jeweils verbindlich, sofern ein definiertes Mindestvolumen je Kostenträger geplant ist.

In Abhängigkeit vom veranschlagten Projektbudgetvolumen wird zwischen Klein- und Großprojekten unterschieden. Das ermöglicht einerseits eine wirtschaftliche Datenerfassung und belastet andererseits kleinere Projekte nicht mit unnötig komplexen Erfassungs- und Auswertungsstrukturen. Die definierten Projektkostenträger sind in der Abbildung dargestellt.

Bereits 2005 wurden die definierten Grundsätze und die standardisierten IT-Kostenstrukturen in allen zentralen E-Government-Projekten des Landes Hessen umgesetzt. Von den E-Government-Projekten werden die Kostenträger in Abhängigkeit vom erwarteten Buchungsvolumen beplant, bebucht und im Berichtswesen einheitlich auf der obersten Ebene aggregiert.

1. Ebene (Kleinprojekte)	2. Ebene (Großprojekte)	
A Querschnittsaufgaben		
1. Projektmanagement	1.1	Planung, Steuerung, Risikomanagement
	1.2	Controlling
	1.3	Statusabstimmung, Meetings, Gremien
	1.4	Assistenz und sonstige Unterstützung
2. Qualitätsmanagement	2.1	Qualitätssicherung
	2.2	Konfigurationsmanagement
B Projektphasenbezogene Aufgaben		
3. Konzeption	3.1	Konzeption
4. Customizing und Entwicklung	4.1	Customizing und Entwicklung
	4.2	Modul- und Integrationstest
5. Einführung	5.1	Organisatorische Einführung
	5.2	Technischer Rollout
	5.3	Migration
	5.4	Produktivtest
	5.5	Schulung
6. Betriebsvorbereitung	6.1	Anwendungsbetrieb
	6.2	Netzbetrieb
	6.3	Systembetrieb

Projektkostenträger des Landes Hessen für IT-Projekte

Zur technischen Erprobung und Umsetzung des Finanzcontrollings von E-Government-Projekten wurde eine Access-Datenbank entwickelt und programmiert. Sie kann den zukünftigen Anforderungen entsprechend flexibel und schnell angepasst werden.

Die Kostenträger selbst werden ausschließlich in der vom E-Government Entwicklungscenter (EEC) betriebenen Access-Datenbank abgebildet und dort von Projektlandesmitarbeitern und externen Dienstleistern bebucht. Im Rahmen der geplanten landesweiten Einführung des IT-Kosten- und Finanzcontrollingkonzepts wird eine Integration in SAP angestrebt.

Alle Mitarbeiter der externen Dienstleister in den E-Government-Projekten erfassen ihre geleisteten IST-Zeiten je Kostenträger in Stunden (kleinste Einheit 0,25 Stunden). Die externen Dienstleister stellen auf Grundlage ihrer Stundenkontierung eine kostenträgerbezogene Rechnung. Ein Beispiel für eine Auswertung ist nachfolgend dargestellt.

Verteilung der Soll- und Ist-Kosten

Beispielhafte Auswertung, Kostenträgergruppensicht Projekt:
P1, Zeitraum: Januar – März 2006
Plan-Kosten (Absolutwerte = Euro) Summe: 1.115.627 Euro

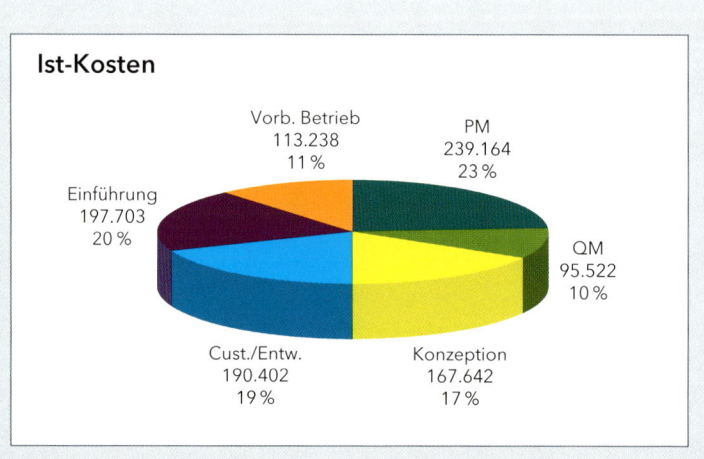

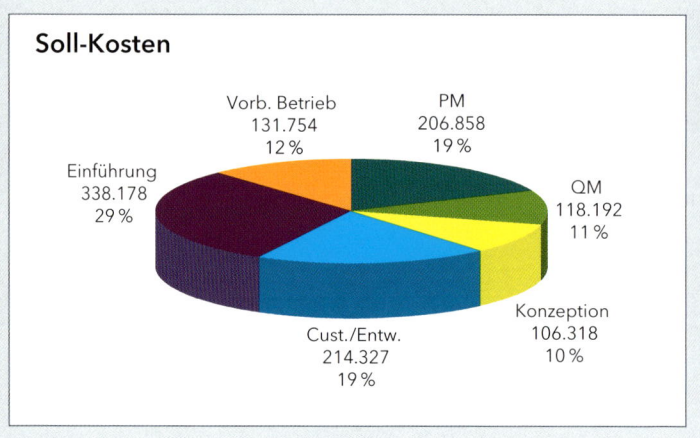

	Soll	Ist	Ist - Soll	Abweichung
PM	206.858	239.164	32.306	16%
QM	118.192	95.522	-22.670	-19%
Konzeption	106.318	167.642	61.324	58%
Cust. / Entw.	214.327	190.402	-23.925	-11%
Einführung	338.178	197.703	-140.475	-42%
Vorb. Betrieb	131.754	113.238	-18.516	-14%
Summe	1.115.627	1.003.671	-111.956	-10%

Der Übergang von der Pilotierung zur verbindlichen Anwendung der landeseinheitlichen Projekt- und Verfahrenskostenträger erfolgt seit Jahresbeginn 2006 sukzessive. Parallel zu der zentralen Umsetzung des Rahmenkonzepts IT-Kosten und Finanzcontrolling wird bereits zum Zeitpunkt der Konzepterstellung eine umfassende Evaluation für die dezentralen Bereiche durchgeführt. Auf dieser Grundlage wurde das Konzept für die landesweite Umsetzung zu Beginn des Jahres 2007 erweitert.

Für die projektübergreifende Koordination ist darüber hinaus im Rahmen der hessischen E-Government-Projekte ein Budgetierungs- und Planverfolgungssystem konzipiert und eingeführt worden. Es stellt zeitnah die erforderlichen Controllinginformationen in quantitativer wie qualitativer Art zur Verfügung und zeigt entsprechende Soll- / Ist-Vergleiche. Außerdem erfolgt quartalsweise ein „Outlook" bzw. „Forecast" der zu erwartenden Aufwände und Finanzdaten. Er wird ebenfalls mit den aktuellen Ist-Daten und ursprünglichen Planzahlen abgeglichen.

C   Projekthandbuch für E-Government-Projekte

E-Government-Vorhaben sind in aller Regel komplexe Projekte mit einer Vielzahl von Herausforderungen und Schnittstellen. Über ein reines IT-Projekt hinaus müssen insbesondere politische und organisatorische Aspekte berücksichtigt werden. Nur so lassen sich die angestrebten Ziele der Bürgerorientierung und internen Verwaltungsmodernisierung erreichen.

Bei E-Government geht es zudem nicht um eine isolierte Betrachtung von Technik oder den isolierten Einsatz von Technologien, sondern um den Kern des Verwaltungshandelns. Öffentliche Verwaltung besteht aus Informationsverarbeitung. Gesetze, Verordnungen, Bescheide oder auch Auskünfte sind Ergebnisse von arbeitsteiligen Prozessen, in denen Informationen ausgetauscht, verdichtet, bewertet, abgestimmt, kommuniziert und dokumentiert werden.

Um die Ziele des hessischen E-Government-Masterplans umzusetzen, wurde im Jahr 2004 eine spezielle Projektorganisation etabliert. Darin bilden die drei zentralen Säulen bzw. Projekträume Hessenportal (Internetportal und Mitarbeiterportal), DMS und HCN (Basiskommunikationsdienste) die Schwerpunkte. Darüber hinaus wurden weitere Einzelprojekte im Bereich der Fachverfahren initiiert.

Vor diesem Hintergrund bestand die Notwendigkeit, gemeinsame „Spielregeln" für die Projekte und die Zusammenarbeit in den Projekten zu erarbeiten. Diese Regeln beinhalten fünf entscheidende Kriterien:

- Verbindliche Vorschriften für alle Projekte, um den Projekterfolg zu gewährleisten

- Praxisorientierte Richtlinien, Abläufe und Vorgaben

- Transparente Informationen und Dokumentationen für alle Projektbeteiligten

- Offenlegung von Projekterfahrungen, um sie für das gesamte E-Government-Programm zu nutzen

- Festgelegte Mindestanforderungen der Rechnungshöfe an die Dokumentation in IT-Projekten

Das Projekthandbuch sollte zudem kein statischer Bestandteil der Dokumentation sein. Es ging darum, ein aktives Instrument zu schaffen, in dem sich die ganze Dynamik der hessischen E-Government-Projekte widerspiegelt. Anfang 2005 führte dies zur ersten Version. In der Folge wurde das Handbuch sukzessive vor dem Hintergrund konkreter Erfahrungen fortgeschrieben. Die aktuelle Ausgabe ist als generelle Basisunterlage für sämtliche IT-Projekte in der hessischen Landesverwaltung konzipiert. Sie ist im Internet unter der Seite **www.egovernment.hessen.de** in der Rubrik „Öffentlichkeitsarbeit / Best Practice" abrufbar.

Diese verbindliche Richtschnur setzt sich aus einem Hauptdokument, Dokumentanlagen (Schulungsunterlagen, Gremienbeschreibung) und Formularen (Einzelaufträge, Abrufscheine, Change Requests, Abnahme) zusammen.

Das Hauptdokument unterscheidet folgende wesentliche Kapitel:

1. Einleitung, Ausgangssituation und Zielsetzung des Projekthandbuches

2. Projektaufbauorganisation: Übersicht zu den Entscheidungsstrukturen und den jeweiligen Aufgaben

3. Projekt- und Betriebsprozesse (Planung, Durchführung, Budget- und Vertragsmanagement, Projektmarketing, Steuerung / Controlling, Projektabschluss)

4. Aufgaben des Projektmanagements, was im Wesentlichen die Projektplanung, -steuerung und das Berichtswesen darstellt

Das Projekthandbuch beschreibt verbindlich die zentralen Projektregelungen, die für eine erfolgreiche Abwicklung relevant sind und vom Controlling überwacht werden. Beispiele für solche detaillierten Regelungen sind:

- Projektmanagementregelungen zur Kommunikation, Planung, Fortschrittskontrolle, Ergebnisdokumentation, Berichtswesen und Qualitätsmanagement. So sind die Projekt- und Teilprojektleiter verpflichtet, einmal wöchentlich einen Statusbericht zu erstellen. Stichwortmäßig werden hier die Ergebnisse der letzten Woche, anstehende Aufgaben, besondere Problematiken und Risiken sowie erforderliche Unterstützungsmaßnahmen aufgeführt.

- Einzusetzende Projektinfrastruktur (Hardware, Software, Kommunikationswerkzeuge, Dokumentenvorlagen). Für alle Projektbeteiligten ist eine einheitliche Dokumentenvorlage mit Versionierung und Historisierungsinformationen vorgegeben.

- Übergreifende Standards und Richtlinien zur Projektverfolgung, Dokumentation, Informationsverteilung / Projektmarketing, Verwendung von Softwarewerkzeugen. Besonders wird hier auf die gemeinsame Projektmanagement-Datenbank Bezug genommen und erläutert, in welcher Form diese einzusetzen ist.

- Inhaltliche Vorgaben und Dokumentvorlagen für vertragliche Dokumente, Projektmanagement- und Ergebnisdokumente (etwa für Jour-Fixe-Präsentationen und -Protokolle)

- Vorbereitende Prozesse für den Wirkbetrieb und die Integration in den relevanten Infrastruktur- und Anwendungsbereichen

Die Hessische Zentrale für Datenverarbeitung ist zuständig für die Umsetzung der Infrastruktur- und Anwendungsstandards. Damit wird zweierlei erreicht. Zum einen verhindert es, dass sich die Projekte intensiv mit Hardware-Thematiken beschäftigen müssen. Zum anderen stellt diese Praxis sicher, dass alle E-Government-Projekte im Wirkbetrieb auf einer einheitlichen Systemplattform und Anwendungsumgebung ablauffähig sind.

Neben dem operativen Controlling der einzelnen Projekte wurde ein übergreifender jährlicher Planungs- und Budgetierungsprozess initiiert. Auf dieser Grundlage werden Soll- und Ist-Werte der Projekte getrennt nach Kostenträgern (Projektmanagement, Qualitätssicherung, Konzeption, Customizing und Entwicklung etc.) monatlich erfasst und ausgewertet. Die jährliche Projekt- und Budgetplanung wird sowohl bottom-up als auch top-down durchgeführt. So ist gewährleistet, dass aus der Projektsicht notwendige Vorhaben ebenso berücksichtigt werden wie neue Vorhaben der Globalplanung für ressortübergreifende IT-Projekte.

Mit dem projektbezogenen Finanzcontrolling wurde neben einer einheitlich strukturierten Dokumentation der Plan- und Ist-Kosten auch eine projektübergreifende Kostentransparenz geschaffen. Auf dieser Grundlage werden Auswertungen erstellt, die negative Projektentwicklungen rechtzeitig erfassbar machen.

Ein weiterer wichtiger Faktor für den Erfolg der hessischen E-Government-Projekte war die Bereitstellung einer Projektmanagement-Datenbank (PMDB), die sich bereits in einer Vielzahl von Großprojekten in der Industrie bewährt hatte.

Alle Projektmitarbeiter können auf diese Datenbank zugreifen, so dass die Transparenz der Informationen und Dokumente sichergestellt ist. In die Projektmanagement-Datenbank sind integriert einheitliche Standards für die Erstellung von Wochenberichten, die Vergabe von Arbeitsaufträgen, Projektstrukturpläne oder Offene-Punkte-Listen. Die Nutzung der PMDB innerhalb der jeweiligen E-Government-Projekte wurde als obligatorisch vorgeschrieben und konsequent durch das Controlling überwacht. Für die Einhaltung der Regelungen sind die Projektleiter verantwortlich.

Neben den projektspezifischen Projektmanagement-Datenbanken wurde eine weitere Datenbank mit der Bezeichnung „Public" eingerichtet. Sie dient der Bereitstellung projektübergreifender Informationen zentraler Stellen (z. B. des Projektmanagement Office). Die Projektmitarbeiter aller Projekte haben darauf Zugriff.

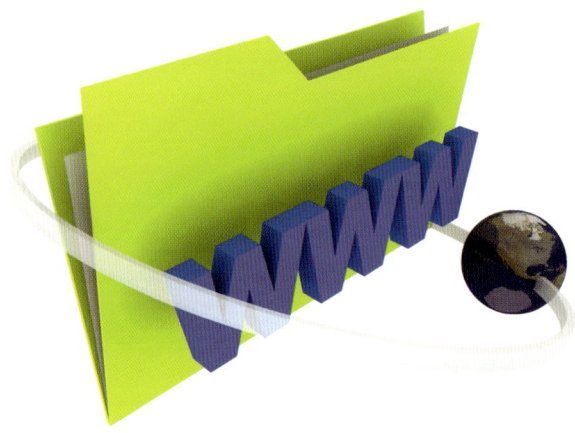

2.2 Zentralisierung

Es ist unerlässlich, verschiedene Komponenten wie Identity-Management oder E-Mail auf einer gemeinsamen Netzinfrastruktur zu zentralisieren. Dadurch lässt sich sowohl ein höheres Maß an Sicherheit als auch an Effizienz erzielen. Zusätzlich trägt die organisatorische Bündelung der Projektsteuerung zu mehr Transparenz und Nutzen bei.

A **Active Directory und Zentrale E-Mail-Plattform**

Beides sind Infrastrukturdienste, die als Teile des Hessen Corporate Network (HCN) implementiert wurden. Mit knapp 45.000 aktiven Benutzern, über 50.000 E-Mail-Postfächern und der Bereitstellung aller gewünschten Funktionen wurden sie im Dezember 2007 erfolgreich abgeschlossen. Der Weg zur erfolgreichen Einführung war nicht immer ganz einfach.

B **Meta Directory Land Hessen (MLH) und Identity-Management**

Bei der Arbeit mit IT-Systemen muss immer sichergestellt sein, dass nur befugte Personen auf Daten zugreifen, lesen oder verändern können. Das gilt besonders für die öffentliche Verwaltung. Deshalb ist es bei Konzeption und Betrieb von IT-Verfahren vordringlich, Benutzer und Berechtigungen zu verwalten. Hier wird beschrieben, wie diese Aufgabe für 135.000 Beschäftigte bewältigt wird.

C **Programm-Management Office (PMO) im E-Government-Entwicklungs-Center (EEC)**

Im Jahr 2005 gründete Hessen das EEC mit dem PMO als Bestandteil. Die dort bearbeiteten Aufgaben gehen über die Anforderungen an ein Projekt Office weit hinaus. Typisches Strukturkennzeichen eines PMO ist die zielgerichtete Unterstützung mehrerer Projekte. Im hessischen Modell werden dabei sechs Themenschwerpunkte im PMO behandelt.

A Active Directory und Zentrale E-Mail-Plattform
Zentrale Infrastruktur und Basis für eine integrierte E-Government-Plattform

Einführung

Active Directory und Zentrale E-Mail-Plattform sind Infrastrukturdienste, die als Teile des Projektes Hessen Corporate Network (HCN) seit 2004 entwickelt und implementiert wurden. Beide haben sich seit geraumer Zeit im produktiven Betrieb bewährt. Mit knapp 45.000 aktiven Benutzern, über 50.000 E-Mail-Postfächern und der Bereitstellung aller gewünschten Funktionen wurden diese HCN-Teilprojekte im Dezember 2007 erfolgreich abgeschlossen.

HCN ist eines der Leuchtturmprojekte des E-Government-Masterplans. Neben dem Active Directory (AD) und der zentralen E-Mail-Plattform (ZEM) gehören zu HCN auch das Meta-Directory-Land-Hessen (MLH), die Einführung einer Public Key Infrastructure (PKI) sowie die Errichtung einer virtuellen Poststelle (VPS).

Die Verwendung des Begriffs „Network" im Namen eines Projektes, das klassische Mehrwert-Dienste realisieren soll, unterstreicht die Grundidee. Solche Dienste sollen allen Nutzern und anderen E-Government-Anwendungen so selbstverständlich zur Verfügung stehen wie bis dahin die Netzwerk-Infrastruktur.

Nahezu jeder hat eine Vorstellung davon, was eine zentrale E-Mail-Plattform leistet. Dagegen ist die Frage nach dem Sinn und Nutzen eines Active Directory für die meisten Computerbenutzer nicht so einfach zu beantworten. Dabei ist die Erklärung eigentlich ganz simpel. Im Verzeichnis Active Directory werden Benutzer, Computer, Server, Dienste und Berechtigungen verwaltet. Es ist damit die notwendige Basis für das Miteinander der Komponenten.

Ziele

HCN soll der hessischen Landesverwaltung eine einfache und sichere, dienststellen- und ressortübergreifende Kommunikation ermöglichen. Dabei wurde streng darauf geachtet, dass die Lösungen effizient betrieben werden können und den Benutzern ein einheitliches Portfolio von Diensten in gleich bleibend hoher Qualität geboten wird.

Aufgabe war weiterhin, die Betriebskosten im Vergleich zur Ausgangslage zu senken, bei gleichzeitiger Erhöhung des Funktionsumfangs und der Verfügbarkeit. Den Fachverfahren sollte eine einheitliche Basisinfrastruktur zur Verfügung gestellt und damit ein Anreiz zu stärker integrierten und umfassenderen Lösungen gegeben werden.

Ergänzend musste erreicht werden, durch Standardisierung und Zentralisierung die Fähigkeit zur schnellen Anpassung an veränderte Aufgaben und Rahmenbedingungen zu verbessern.

Ausgangslage und Herausforderungen

In der Vergangenheit hatten Verwaltungen oft ein Selbstverständnis, in dem Kundenorientierung und Effizienz nur nachrangige Ziele waren. Heute sieht sich jede Verwaltung sehr konkreten Leistungsanforderungen gegenüber, die kaum noch von ihr selbst beeinflusst werden können. Gleichzeitig erzwingt die Haushaltslage einen deutlich effizienteren Einsatz der finanziellen und personellen Ressourcen.

Höhere Qualität und gleichzeitig kürzere Bearbeitungszeiten lassen sich jedoch nur erzielen, wenn die Kommunikation zwischen den handelnden Personen optimal unterstützt wird. Gerade hier hatten früher eingesetzte Lösungen starke Defizite. Mit der neuen Verwaltungssteuerung wurden in großer Zahl flächendeckende Fachverfahren eingeführt. Allerdings erschwerte die Heterogenität und Zergliederung der Informationstechnik in der hessischen Landesverwaltung diesen Vorgang erheblich.

Die Dienststellen der Landesverwaltung setzten 2004 über 200 getrennte Verzeichnisdienste und über 170 getrennte E-Mail-Server ein. Diese Verzeichnisdienste basierten auf den Produkten unterschiedlicher Hersteller. Obwohl die Microsoft-Produkte dominierten, führten unterschiedliche Versionsstände in der Administration zu inkompatiblen Lösungen. Dienststellenübergreifende Kommunikation mittels E-Mails war möglich, aber mangels eines landesweiten Daten-Verzeichnisses blieb sie zumeist auf etablierte Arbeitsgruppen beschränkt.

Zahlreiche Administratoren äußerten bei einer Umfrage im Jahr 2003 / 2004 die Sorge, dass die personelle Ausstattung im IT-Betrieb der steigenden Anzahl von Benutzern, Computern und Verfahren in den Dienststellen nicht mehr gerecht wird. Überlastung und fehlende Möglichkeiten zur IT-Fortbildung waren häufig geschilderte Probleme.

Aber es gab auch schon ermutigende Ansätze. Einige Wiesbadener Dienststellen hatten sich zusammengeschlossen, um gemeinsam eine Windows-Domäne „**hessen.de**" aufzubauen. Diese Abteilungen hatten sich mit der „Geschäftsstelle Active Directory" (GAD) und dem „Entscheidungsgremium AD" (EGAD) selbst organisiert und die HZD mit dem Betrieb der Root-Domäne und einer Exchange-Organisation, der Entwicklung und Pflege einer Namenskonvention, beauftragt. Sie nutzten eigenständig verwaltete Subdomänen und betrieben weiterhin eigene – wenn auch standardisierte – Domänen-Controller und MS-Exchange-Server.

Staatskanzlei, Innenministerium und Justizministerium gingen sogar noch einen Schritt weiter. Sie organisierten sich in der gemeinsamen Subdomäne „**verwaltung.hessen.de**" in unterschiedlichen „Organisational Units" (OUs). Dieses gemeinsame AD, die Subdomäne „Verwaltung" und die Exchangeorganisation der hessischen Polizei lieferten die Blaupausen für das Projekt HCN.

Vorgehen / Grundzüge der Lösung

Erste ganz grundlegende Entscheidung war die Festlegung auf MS Active Directory und MS Exchange Server als Produktbasis für die zu entwickelnde Lösung. Ausschlaggebend hierfür waren die große Verbreitung in der Landesverwaltung und die Tatsache, dass man auf den Strukturen und Vorarbeiten des gemeinsamen Active Directories zahlreicher Wiesbadener Dienststellen aufsetzen konnte.

Das Festhalten an der dominierenden technischen Plattform war nicht nur wirtschaftlich vorteilhaft, da die vorhandenen Lizenzen so weiter genutzt werden konnten. Es machte auch mit Blick auf das vorhandene Know-How der Administratoren und Systembetreuer in den Dienststellen Sinn.

Bereits in der allerersten Konzeptionsphase musste eine Idealvorstellung aufgegeben werden. Es wäre optimal gewesen, alle Benutzer und alle Arbeitsplätze der Landesverwaltung in einem Active Directory zusammenfassen zu können. Dem steht jedoch der verfassungsrechtliche Grundsatz der Gewaltenteilung entgegen.

Die Trennung nach Mandanten für Legislative, Exekutive und Jurisdiktive innerhalb eines gemeinsamen Active Directories lehnten Landtag und Justiz ab, weil der Zugriff der Administratoren der obersten Ebene auf Daten der einzelnen Mandanten nicht völlig auszuschließen ist. Deshalb sind für Landtag, Justiz und allgemeine Landesverwaltung drei Active Directorys erforderlich.

Außerdem wurde darauf verzichtet, die hessische Polizei in das Active Directory der Landesverwaltung zu integrieren. Der IT-Betrieb dort war bereits stark zentralisiert und hatte somit die zugrunde liegende Idee schon in weiten Teilen umgesetzt.

Hinzu kommt, dass die Polizei auch im Bereich der Informationstechnik intensiv mit anderen Länder-Polizeien zusammenarbeitet. Bei der Integration der hessischen Polizei in das Active Directory der allgemeinen Landesverwaltung hätte man dort unverzüglich alle Standards umsetzen müssen, die im Rahmen der übergreifenden Zusammenarbeit vereinbart sind. Dies war weder wirtschaftlich noch organisatorisch sinnvoll.

Die Tatsache, dass mehrere Active Directories nicht zu vermeiden waren, führte zu einer neuen Definition des Ziels: so wenige wie möglich. Alle Projektergebnisse waren so zu gestalten, dass sie für andere Active Directories wieder verwendbar waren. Die Konzepte sollten sich weitestgehend gleichen und die gemeinsame Nutzung einzelner Dienste musste aus jedem einzelnen Directory heraus möglich sein.

Auch das Vorhaben, den Fachverfahren flächendeckend verfügbare Dienste bereitzustellen – etwa eine einheitliche Schnittstelle für Personen-Objekte – war nicht mehr unmittelbar zu realisieren. Mit der Entscheidung für mehrere Active Directories wurde es notwendig, die Daten und Informationen zu Personen-Objekten an anderer Stelle zusammenzuführen. Deshalb wurde das HCN-Teilprojekt Meta-Directory Land Hessen initiiert. In diesem Rahmen werden nicht nur die in den Active Directorys verfügbaren Daten zu Personen und Gruppen konsolidiert. Mittelfristig wird hier auch die Pflege von Standard-Berechtigungen automatisiert

Weitere grundlegende Entscheidung war es, Active Directory und Zentrale E-Mail-Plattform trotz intensiver Verflechtung getrennt zu realisieren. Hierfür waren eine bessere Steuerbarkeit im Projektmanagement und bessere Kostentransparenz ausschlaggebend. Eine Rolle hat auch gespielt, dass mit der Zentralen E-Mail-Plattform die technische Infrastruktur für einen beliebten Dienst geschaffen wurde, während der dazu benötigte Verzeichnisdienst für die Endanwender abstrakt bleibt.

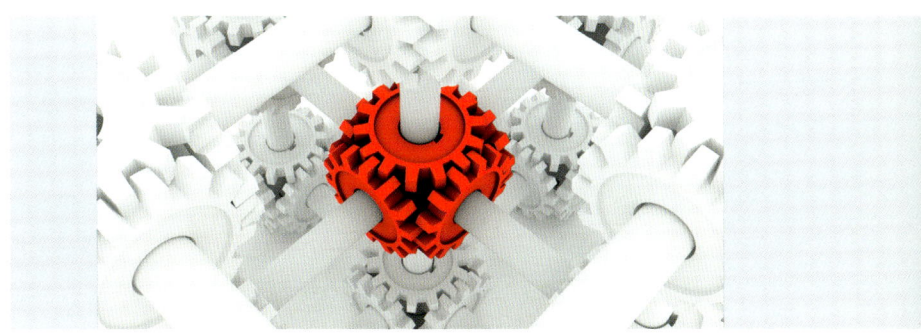

Die Gremien des bisherigen Zusammenschlusses wurden aufgelöst und die GAD formal und personell in das Teilprojekt Active Directory überführt. Die Erfahrungen der GAD führten dazu, dass bestehende AD-Strukturen nicht in das Design des gemeinsamen Active Directories übernommen wurden.

Das Active Directory besteht aus zentralen Diensten, der Datenbank des Verzeichnisses und aus Bereichen, in denen Benutzer und Computer verwaltet werden. In dem bis dahin umgesetzten Design mit einer zentral administrierten Root-Domäne und mehreren operativen, dezentral verantworteten Domänen durften auch die dezentral agierenden Administratoren infrastrukturelle Dienste verwalten. Aufgrund des technischen Konzeptes von Microsoft kann dabei nicht verhindert werden, dass Eingriffe eines dezentralen Domänenadministrators im schlimmsten Fall das gesamte Active Directory beeinträchtigen.

Dies ist für kleinere Strukturen vielleicht noch hinzunehmen. Für ein Active Directory, von dem die Arbeitsfähigkeit mehrerer 10.000 Benutzer abhängt, kann dieses Risiko jedoch auf keinen Fall eingegangen werden.

Daraus resultiert ein Design mit einer Root-Domäne und einer operativen Domäne in zentraler Verantwortung sowie vielen Organisationseinheiten (OUs), die von den Administratoren der jeweiligen Dienststellen verwaltet werden. Um die Interoperabilität und die notwendige Reaktionsfähigkeit sicherzustellen, sind die Grundstrukturen der OUs ebenfalls zentral definiert.

Auch mit der Positionierung der Domänencontroller in der HZD wurde ein Paradigmenwechsel eingeleitet. Früher gab es an jedem Standort einen oder zwei; dies hauptsächlich, um von der Netzverbindung unabhängig zu sein.

Heute werden Domänencontroller nur noch in Ausnahmefällen dezentral aufgestellt. Immer mehr Verwaltungsbereiche sind schon heute ohne eine Netzverbindung zu zentralen Verfahren nicht mehr arbeitsfähig. Lokale Domänencontroller allein können die Arbeitsfähigkeit nicht mehr sicherstellen. Statt in dezentrale Domänencontroller sollte vielmehr in die Absicherung der Anbindung an das Hessen-Netz investiert werden. Andererseits erlauben Skaleneffekte beim Serverbetrieb, den Bedarf an zentralen Domänencontrollern deutlich kostengünstiger zu realisieren.

Im Bereich der Zentralen E-Mail-Plattform folgte das Design nach ausführlichen Tests den Empfehlungen des Herstellers Microsoft. Die am weitesten reichende Design-Entscheidung war hier die Festlegung auf die Zugriffswege für Clients. Im Sinne einer hohen Datensicherheit und maximaler Verfügbarkeit wurde der Zugriff auf die Postfächer nur über HTTPS, Outlook Web Access und Server-based-ActiveSync zugelassen.

Dies machte jedoch Eingriffe an allen Clients erforderlich, von einfachen Konfigurationsänderungen bis hin zum Update älterer MS-Outlook-Versionen. Ein besonderes Plus ist dabei die Unterstützung mobiler Einsatzszenarien durch den sicheren mobilen Zugriff auf E-Mail, Kontakte und Kalender über Windows-Mobile-basierende PDAs. Im Rahmen der Weiterentwicklung der HCN-Produkte wird zusätzlich der Einsatz von BlackBerry-Servern und Endgeräten geprüft.

Im Verlauf des Projektes wurden die Anforderungen an die Zentrale E-Mail-Plattform um das Unified Messaging System (Fax, SMS, VoiceBox und später auch CTI) erweitert. Dies deshalb, da einige große Dienststellen bereits netzwerk-basierte Fax- oder UMS-Lösungen nutzten.

Der Betrieb zahlreicher unterschiedlicher Konnektoren zwischen der Exchange-Plattform und den jeweiligen Fax- bzw. UMS-Systemen wäre weder aus wirtschaftlicher noch aus betrieblicher Sicht sinnvoll gewesen. Außerdem bot die zentrale Bereitstellung von UMS-Diensten die Chance, Versand und Empfang von Faxen sowie SMS-Nachrichten ohne wesentliche Mehrkosten flächendeckend und hochverfügbar anzubieten. Die zentrale Bereitstellung ermöglichte darüber hinaus auch Services, die an hohen Vorhaltekosten zur Abdeckung von Bedarfsspitzen gescheitert waren. Dies gilt etwa für die SMS-Alarmierung bei Störungen zentraler Verfahren.

Der wichtigste Schritt für das Projekt Hessen Corporate Network war die Veröffentlichung des HCN-Erlasses im Februar 2005. Darin wurden nicht nur die zunächst vier Komponenten[1] des HCN beschrieben. Sie wurden damit auch zur verbindlichen Infrastruktur für die Landesverwaltung erklärt. Die Nutzung der HCN-Dienste war also nicht mehr freiwillig, sondern obligatorisch. Gleichzeitig wurde festgelegt, die Kosten für Entwicklung und Betriebseinführung zentral aus Mitteln des E-Government-Masterplans zu finanzieren. Die Migration in die Strukturen von HCN und der spätere Regelbetrieb mussten aus den IT-Budgets der Dienststellen bezahlt werden.

Gerade hier lag eine der zentralen Schwierigkeiten bei der Umsetzung. Aufgrund der Größe und Laufzeit der HCN-Projekte sowie der erforderlichen Vergabeverfahren konnten die Kosten nur als Korridor geplant werden. Tatsächlich haben Erkenntnisse aus dem Pilotbetrieb und nachträglich eingebrachte funktionale Anforderungen mehrfach Anpassungen der Budgetplanung erfordert. Auch konnten die Kosten des laufenden Betriebs erst in der zweiten Projekthälfte hinreichend konkretisiert werden.

HCN sollte zwingend genutzt werden. Dennoch hatten viele IT-Verantwortliche in den Ressorts große Schwierigkeiten wegen der unklaren finanziellen Planung und begannen die notwendigen Migrationsprojekte deshalb nur sehr zögerlich. Das Zusammenführen der vorhandenen Lösungen unter dem größten gemeinsamen Nenner, also das Abbilden aller unterschiedlichen Anforderungen in der Zielumgebung, war weder wirtschaftlich darzustellen noch hätte eine solche Vorgehensweise den verfolgten Zielen entsprochen.

Das Zurückführen von Sonderlösungen und die Definition eines gemeinsamen Standards brachten zwangsläufig punktuelle Einschränkungen mit sich. So mussten Abteilungen auf nachrangige Funktionalitäten verzichten. Zusätzlich war es notwendig, etliche administrative Tätigkeiten, die zuvor in Eigenverantwortung durchgeführt wurden, beim zentralen Dienstleister anzubinden oder mit anderen Methoden zu realisieren.

---

1 Anfang 2006 kam noch das Teilprojekt Virtuelle Poststelle hinzu. Die Nutzung der virtuellen Poststelle ist jedoch nicht Gegenstand des HCN-Erlasses und bleibt damit freiwillig.

Die Standardisierung von zum Teil alltäglichen Tätigkeiten wurde unmittelbar als ein Verlust an Flexibilität wahrgenommen, Vorteile dagegen nicht als solche erkannt. So hatten viele Abteilungen in der Vergangenheit versäumt, die mittlerweile unternehmenskritischen Dienste durch entsprechende Maßnahmen hochverfügbar zu machen. Die technische Absicherung des Betriebes orientierte sich in der Regel an lokal vorhandenen Ressourcen. Selbstverständlichkeiten eines professionellen Betriebes wie ein Change-Management inklusive adäquater Testumgebung wurden dagegen nur in großen Dienststellen durchgängig praktiziert.

Aufwand und Nutzen von Infrastrukturprojekten fallen asymetrisch an. Investitionen und Veränderungskosten entstehen sofort. Der vollständige positive Effekt erschließt sich dagegen erst am Ende eines längeren Prozesses. Die Vereinheitlichung der Dienste und Funktionen kommt vor allen den Dienststellen zugute, die aus eigener Kraft dies nicht hätten bewerkstelligen können. Gut ausgestatte Dienststellen haben dagegen punktuell Abstriche zu akzeptieren.

Rückblickend scheinen viele Beteiligte von der Menge der Paradigmenwechsel und dem Ausmaß, mit dem sich Rollen und Verantwortlichkeiten veränderten und weiter verändern, überfordert gewesen zu sein. Es wäre hilfreich gewesen, wichtige Protagonisten in den Dienststellen von der Notwendigkeit dieser Neuerungen zu überzeugen und dem IT-Personal überzeugende Perspektiven innerhalb einer veränderten Informationstechnik in der Landesveraltung aufzuzeigen.

Erreichtes

Alle in den Projekten „Active Directory" und „Zentrale E-Mail-Plattform" geforderten Dienste und Lösungen waren im Dezember 2007 erfolgreich abgeschlossen und für die Landesverwaltung bereitgestellt. Viele Endanwender haben damit zusätzliche Dienste zur Verfügung. Gleichzeitig wurde die Verfügbarkeit auf ein völlig neues Niveau gehoben. Dank der konzeptionellen Vorarbeit und dem professionell organisierten Betrieb kann auch wesentlich besser auf geänderte Rahmenbedingungen reagiert werden.

Mehr als 75% aller in Frage kommenden Benutzer wurden in das Active Directory ITSHESSEN überführt. Bei der Zentralen E-Mail-Plattform nutzen sogar schon deutlich über 80% der Postfächer das neue System. In 2008 werden die noch verbleibenden Dienststellen migriert.

Ausblick

Im Rahmen des HCN-Produktmanagements werden die eingeführten Lösungen regelmäßig überprüft und im Detail optimiert. Es wird ein Anforderungs-Management implementiert und die technische Entwicklung sorgfältig beobachtet.

Für das Active Directory stehen zunächst Prozessoptimierungen und die Verbesserung der administrativen Werkzeuge im Vordergrund. Für die zentrale E-Mail-Plattform ist der Wechsel auf Exchange 2007 das beherrschende Thema. Diese Maßnahme ist aufgrund ihrer Bedeutung und Größenordnung als eigenständiges Projekt geplant.

Ganz generell hat sich gezeigt, dass die Aufteilung in einen zentralen Betrieb mit Verantwortung für die infrastrukturellen Elemente des Active Directorys und einem dezentralen Betrieb mit Verantwortung für die Verwaltung von Benutzern und Computern technisch sehr komplex und damit unter wirtschaftlichen Gesichtspunkten nicht optimal ist. Die Konsequenzen hieraus müssen geklärt werden. Gleiches gilt für die Frage, ob nicht auch weitere derzeit noch dezentral verantwortete Dienste im gemeinsamen Interesse zentralisiert werden sollten. Hierzu gehören insbesondere Virenschutz, Patch-Management und Softwareverteilung.

B Meta Directory Land Hessen und Identity-Management

Übergreifender Verzeichnisdienst und Basis für eine integrierte E-Government-Plattform

Einführung

Meta Directory Land Hessen (MLH) und Identity-Management sind sehr abstrakte Begriffe, die einer Erklärung bedürfen.

Bei der Arbeit mit IT-Systemen – und dies gilt ganz besonders für die öffentliche Verwaltung – muss immer sichergestellt sein, dass nur befugte Personen auf Daten zugreifen, sie lesen oder verändern können. Deshalb ist es bei Konzeption und Betrieb von IT-Verfahren für die Verwaltung vordringlich, Benutzer und Berechtigungen zu verwalten; eine enorme Aufgabe, da Hessen rund 135.000 Beschäftigte in der Landesverwaltung zählt.

Angesichts der großen Menge unterschiedlicher Fachverfahren und einer zunehmenden Zahl von dienststellenübergreifend eingesetzten Verfahren, müssen viele Mitarbeiter in mehreren IT-Systemen geführt und ihre Benutzerdaten entsprechend gepflegt werden. Da diese Verwaltung an verschiedenen Stellen und unter unterschiedlichen Prämissen erfolgt, leiden manche Mitarbeiter unter „digitaler Schizophrenie". Im Verfahren A lautet ihr Benutzername „MaxMustermann", im Verfahren B „4718-3-MM" und an einer dritten Stelle „MMusterm2".

Identity-Management verfolgt das Ziel, dass eine Person mit nur einer digitalen Identität arbeitet. Außerdem wird darauf geachtet, dass die Benutzerobjekte dieser Person stets aktuell sind und zwischen ihnen eine logische Verknüpfung besteht. Im Idealfall werden die Daten auch nur noch an einer Stelle gepflegt und automatisch von den Benutzerverwaltungen der Fachverfahren übernommen.

Ein übergreifender Verzeichnisdienst, das Meta-Directory, bildet die Basis für das Identity-Management. Es erlaubt zusätzliche Dienste wie ein landesweites Mitarbeiterverzeichnis mit aktuellen Kommunikationsdaten.

Ziele

Das Projekt Hessen Corporate Network soll der Landesverwaltung eine einfache und sichere, dienststellen- und ressortübergreifende Kommunikation ermöglichen. Dazu gehört auch die Bereitstellung eines übergreifenden Verzeichnisdienstes, dem „Meta Directory Land Hessen". Es soll die verschiedenen digitalen Identitäten einer Person konsolidieren und die Basis für eine automatisierte Pflege der einzelnen Benutzerobjekte bilden.

Im Projekt Active Directory wurde festgestellt, dass die ursprünglich angestrebte Zusammenfassung aller Systeme zur Netzwerk- und Benutzerverwaltung in einem Active Directory aus rechtlichen, organisatorischen, aber auch wirtschaftlichen Gründen nicht möglich ist. Nach dem Grundsatz der Gewaltenteilung müssen für Legislative, Exekutive und Judikative getrennte Systeme betrieben werden.

Deshalb stand zunächst im Vordergrund, die für jede Kommunikation wichtigen Daten wie Name, Vorname, Telefonnummer, E-Mail-Adresse und Dienststellenanschrift zentral zusammenzuführen und allgemein verfügbar zu machen. Für alle dienststellenübergreifend oder querschnittlich eingesetzten Verfahren soll mit dem MLH eine zentrale Schnittstelle zu aktuellen Benutzerinformationen bereitgestellt werden.

Im Verlauf des Projektes kamen zwei weitere Ziele hinzu: Bereitstellung einer Benutzerverwaltung für das Extranet des Landes und Aufwandsreduzierung für die Benutzerverwaltung.

Ausgangslage und Herausforderungen

Für Betrieb und Verwaltung von IT-Fachverfahren existieren ganz konkrete Anforderungen. Primär müssen diese Verfahren natürlich die Erledigung der fachlichen Aufgaben bestmöglich unterstützen. Aber auch der Betrieb und die Verwaltung der Fachverfahren selbst müssen den neuen Qualitäts- und Effizienzzielen gerecht werden.

Die öffentliche Verwaltung arbeitet mit teils freiwillig anvertrauten, teils zwangsweise erhobenen Daten der Bürger. Deshalb ist ein hohes Datenschutzniveau ein wichtiges Qualitätsziel. Der Einzelne hat einen Anspruch darauf, dass seine Angaben vertraulich bleiben und nur von den Landesbeschäftigten einsehbar sind, die für die Bearbeitung zuständig sind. Deshalb müssen Benutzer und deren Zugriffsrechte ordnungsgemäß „verwaltet" werden. Es ist sicherzustellen, dass der Zusammenhang zwischen einem Benutzerkonto und einer natürlichen Person immer zweifelsfrei erkennbar ist. Gleichzeitig darf das Benutzerkonto stets nur jene Zugriffsrechte erhalten, die für die Erfüllung der fachlichen Aufgaben benötigt werden.

Aktualität und verfahrensübergreifende Einheitlichkeit der Benutzerdaten sind wichtige Beiträge zur Datensicherheit und zum Datenschutz. Bei der Vielzahl von Verfahren und unterschiedlichen Verantwortlichen kann diese Arbeit nur mit erheblichem manuellen Aufwand geleistet werden.

Die Verwaltung ist auch nicht mehr so statisch wie in der Vergangenheit. Organisationseinheiten bestehen nicht automatisch über Jahrzehnte hinweg. Unter dem steten Druck der Haushaltsentwicklung und mit dem Wandel der Wirtschaft und der Gesellschaft muss die Verwaltung immer wieder neu ausgerichtet werden. Das bedingt oft eine Anpassung der Organisationsstruktur, was wieder hohen Aufwand in der Benutzer- und Berechtigungsverwaltung nach sich zieht. Gleichzeitig soll aber die Verwaltung der Benutzerkonten und Berechtigungen so effizient wie möglich erfolgen.

Beide Ziele gleichzeitig sind nur dann zu erreichen, wenn möglichst viele Prozesse der Benutzer- und Berechtigungsverwaltung automatisiert werden.

Der E-Government-Masterplan verfolgte deshalb zunächst das Ziel, alle technischen Systeme zur Benutzerverwaltung in einem gemeinsamen System zusammenzufassen. Schnell wurde jedoch realisiert, dass schon allein der Grundsatz der Gewaltenteilung das Zusammenführen aller Landesbeschäftigten in einem Verzeichnisdienst verhindert. Auch wenn man mit technischen Lösungen innerhalb eines gemeinsamen Verzeichnisdienstes die Unterschiede zu getrennten Verzeichnisdiensten auf wenige Punkte reduzieren könnte, wäre das gemeinsame Verzeichnis politisch nicht durchsetzbar.

Zusätzlich sprachen wirtschaftliche und organisatorisch-politische Gründe gegen die Lösung mit nur einem Verzeichnisdienst. So ist die Eigenständigkeit der Hochschulen politisch gewollt und für den Bereich der Polizei gelten aus der länderübergreifenden Zusammenarbeit resultierende Sicherheitsstandards, die aus Kostengründen nicht für das gesamte Land übernommen werden können.

Deshalb konnte die Einheitlichkeit nicht auf der Ebene der Primäranmelde-Verzeichnisse erzielt werden. Hier gibt es weiter eigenständige Verzeichnisse (technisch: Active Directories) für den Landtag (und dem Landtag zugeordnete Behörden wie dem Datenschutzbeauftragten und dem Landesrechnungshof), die Justiz, die Polizei, die Hochschulen und die Allgemeine Verwaltung.

Daraus folgte zwingend die Einführung von einem Meta-Directory, das die unterschiedlichen Primäranmelde-Verzeichnisse konsolidiert und für alle Fachverfahren eine einheitliche und zentrale Schnittstelle zu aktuellen Benutzerdaten liefert.

Vorgehen / Grundzüge der Lösung

Zu den wichtigsten grundlegenden Entscheidungen im Rahmen des Projekts Meta-Directory zählt einerseits die Entscheidung für ein X.500-Verzeichnis. Hierfür sprachen das breite Angebot an Produkten und die in der Praxis bewährte Interoperabilität mit Applikationen aller Art. Zum anderen muss das Personalverwaltungssystem SAP-HR-PA als führendes System für Personen-Objekte erwähnt werden.

Das bedeutet, dass es im Meta Directory Land Hessen (MLH) kein Personen-Objekt geben darf, das nicht in SAP-HR geführt wird. Die Daten im MLH werden immer an die Daten von SAP-HR angeglichen. So werden Personalveränderungen spätestens zwei Tage nach der Erfassung bzw. Terminierung in SAP-HR-PA wirksam. Damit werden Karteileichen in der Berechtigungsverwaltung ebenso minimiert wie falsche Benutzernamen im Fachverfahren (z. B. nach Heirat, Scheidung oder sonstigen Namensänderungen).

Geplant und implementiert wurde auch ein einfaches Provisioning für die Active-Directory-Domäne ITSHESSEN. Dort werden die Benutzer und Computer der allgemeinen Landesverwaltung verwaltet. Bei Neueinstellungen könnte automatisch ein (noch deaktiviertes) Benutzerkonto in der ITSHESSEN angelegt werden.

An diesem Punkt gab es zwei negative Erfahrungen. Zum einen war die Verlagerung der Verantwortung für das Benutzeranlegen vom IT-Betrieb in die Personalverwaltung nicht ausreichend abgestimmt und den Personalverwaltern nicht ausreichend vermittelt worden. Die prinzipiell sinnvolle Idee, einen Teil der manuellen Bearbeitungsschritte im IT-Betrieb durch automatisierte Prozesse zu ersetzen, verlagert Qualitätsanforderungen (wie die durchschnittliche Bereitstellungsdauer) vom lokalen IT-Administrator auf den Sachbearbeiter der Personalverwaltung. Theoretisch besticht die Logik der Effizienz. Schließlich muss der Personalsachbearbeiter diese Aufgaben ja ohnehin erledigen. Praktisch hat sich jedoch gezeigt, dass die Maßnahme im Personalverwaltungssystem in der Regel noch nicht abgeschlossen ist, während der neue Mitarbeiter schon seinen Dienst antritt.

Die zweite schmerzhafte Lektion war, dass das Abstimmen auf konzeptioneller Ebene Probleme birgt. In der Praxis torpedierten Lücken und Unschärfen in einem Konzept die Lösung im anderen Projekt.

So gibt es im Personalverwaltungssystem nur ein Feld „Vorname" und „Nachname". Im MLH wird dann für das Provisioning in Richtung Active-Directory und E-Mail aus diesen Feldern die E-Mail generiert. In der Theorie eine überzeugende Lösung, werden so doch Arbeitsschritte eingespart und Übertragungsfehler vermieden. Es zeigte sich jedoch, dass die Dienststellen ganz unterschiedlich mit dem SAP-HR-PA-Feld „Vorname" umgehen. Einige erfassen dort nur den Rufnamen, andere alle Vornamen – was dann zu E-Mail-Adressen in der Form „FritzWaldemarMichael.Mustermann@..." führt.

Die erste auf dem Meta-Directory basierende Anwendung war das Landesmitarbeiter-Verzeichnis im Mitarbeiterportal. Hier können über eine einfache Suchmaske die Kommunikationsdaten (Telefonnummer, E-Mail-Adresse, Postanschrift der Dienststelle) abgefragt werden. Der Hessische Datenschutzbeauftragte wies im Rahmen der Zusammenarbeit darauf hin, dass die Veröffentlichung der Kommunikationsdaten mancher Mitarbeiter zu besonderen Risiken führen würde. Verdeckte Ermittler der Polizei, Staatsanwälte im Bereich der organisierten Kriminalität oder Mitarbeiter des Verfassungsschutzes wurden als Beispiel genannt.

Um dem Schutzbedürfnis dieses Personenkreises gerecht zu werden, wurde ein Freigabe-Merkmal im Personalverwaltungssystem eingefügt. Damit kann der jeweils zuständige Personalsachbearbeiter steuern, ob die Daten eines Mitarbeiters an das MLH übergeben werden.

Erreichtes

Derzeit enthält das MLH über 35.000 komplette Mitarbeiter-Datensätze. Das Mitarbeiterportal nutzt das MLH für das Landesmitarbeiterverzeichnis und für die Bereitstellung der benutzerspezifischen Navigation sowie für eine integrierte Authentifikation (portal-integrierte Authentifikation, PIA).

Das sorgt für diesen Ablauf in der Praxis: Ein Benutzer meldet sich an seinem PC an. Der PC reicht die Information an das Portal weiter. Das Portal liest auf dieser Basis Informationen aus dem MLH heraus. Anhand dieser Daten wird dann die benutzer- und rollenspezifische Navigation aufgebaut.

Als Teil des MLH-Projektes entstand zudem die Benutzerverwaltung für das Extranet der Landesverwaltung (MEH). Das Portal-Projekt stellt die Benutzeroberflächen zur Registrierung und Verwaltung von Benutzern für portalgestützte Verfahren bereit, und das MEH sorgt für einen verfahrensübergreifenden strukturierten Datenspeicher.

Ausblick

Die eingeführten Lösungen werden im Rahmen des HCN-Produktmanagements selbstverständlich regelmäßig überprüft und im Detail optimiert. Als nächste Schritte stehen die Realisierung der differenzierten Freigabe und die Integration des SAP-HR-Moduls Organisations-Management (OM) an.

OM ermöglicht es, zu jedem MLH-Benutzerobjekt nicht nur die Dienststelle anzugeben, sondern auch seine Zugehörigkeit innerhalb der Abteilung. Damit kann das MLH Gruppen erstellen, welche die Organisationsstruktur der Dienststelle abbilden. Werden diese Gruppen für die Zuweisung von Berechtigungen genutzt, können alle Berechtigungen tagesaktuell und vollautomatisch gepflegt werden.

Das entlastet den IT-Betrieb in den Dienststellen und die Benutzerverwaltung in zahlreichen Fachverfahren erheblich. Den Mitarbeitern stehen nach Versetzungen oder Organisationsänderungen automatisch die notwendigen Standardberechtigungen zur Verfügung. Natürlich gibt es komplexe Sachverhalte oder rechtliche Rahmenbedingungen, die sich nicht mit derartigen Automatismen abbilden lassen. Es wird eine geraume Zeit dauern, bis Fachverfahren die neuen Möglichkeiten für ihre Benutzerverwaltung tatsächlich nutzen. Doch selbst wenn sich mittelfristig auch nur 50 % der Berechtigungen automatisiert verwalten lassen, hat das Meta Directory Land Hessen einen wichtigen Beitrag zur Effizienzsteigerung in der Landesverwaltung geleistet. Schon heute ist es mit der portal-integrierten Authentifikation ein gutes Beispiel für den ganzheitlichen und integrativen Ansatz des E-Government-Masterplans.

Programm Management Office im EEC

Im Jahr 2005 gründete Hessen das E-Government-Entwicklungs-Center (EEC) mit dem Programm Management Office (PMO) als Bestandteil. Die Aufgaben eines solchen PMO gehen über die Anforderungen an ein Projekt Office weit hinaus. In einem Programm sind verschiedene Projekte zusammengefasst, die ein gemeinsames Ziel verfolgen. Und gerade die Unterstützung mehrerer Projekte ist das typische Strukturkennzeichen eines PMO.

Die Aufgaben des PMO in Hessen umfassen sechs Themenschwerpunkte:

- Zentrale Koordination und Kommunikation

    Dazu zählt die Unterstützung der gesamten Koordination. Insbesondere werden hier Abstimmungsnotwendigkeiten und Sachverhalte aufgezeigt und verfolgt sowie Eskalationsmechanismen und übergreifende Sitzungen initiiert.

- Entwicklung, Bereitstellung und Überwachung von Prozessen, Standards und Methoden in den Bereichen Projekt-, Qualitäts- und Risikomanagement

    Dieser Bereich umfasst die Bereitstellung von Methoden und Verfahren zur einheitlichen Planung und Steuerung in den Projekten. Außerdem werden Richtlinien für eine konsolidierte Gesamtstruktur (Termine, Aufgaben, Ressourcen, Ergebnisse) erarbeitet und überwacht. Auch die Ergänzung des Projekthandbuchs (z. B. Prozesse und Verantwortlichkeiten, interne Gremien) wird hier betreut.

- Unterstützung der Projektleiter bei Projektmanagement-Aufgaben

    Wesentliche Arbeitsfelder sind die Unterstützung und Überwachung der Initialisierung sowie der Fortschreibung des Projektmanagements (Berichtswesen / Wochenberichte). Dazu kommen Beratung und Coaching von Projektleitern (etwa bei den Aufgaben des Finanzcontrollings).

- Unterstützung des Controllings

  In diesem Themenbereich geht es um die Prozessunterstützung für
  Planung und Controlling (z. B. Jahresplanung). Außerdem werden
  solche Daten gesammelt und analysiert, aus denen sich der Status
  der Projekte ableiten lässt. Weiteres Arbeitsfeld ist die Hilfe beim
  Finanzcontrolling sowie die Aufbereitung der finanzrelevanten
  Informationen für den Auftraggeber.

- Qualitätssicherung

  Hier wird überwacht, ob sämtliche Richtlinien des Projekthandbuchs
  eingehalten werden und ob möglicherweise Gegensteuerungsmaß-
  nahmen einzuleiten sind. Außerdem wird die Fortschreibung der
  Projektplanungen und der Dokumentationen in den Projekten
  beobachtet. Gleichzeitig wird bei der Qualitätssicherung von
  Projektergebnissen formale und inhaltliche Unterstützung gegeben.

- Projektübergreifende Informationsdrehscheibe und Administration

  In diesem Sektor besteht die Aufgabe darin, die Projekte durch
  Informationsaufbereitung / Verteilung zu stärken. Es werden alle
  Informationen und Termine in einer zentralen Anlaufstelle gesam-
  melt, neue Mitarbeiter eingewiesen und für die technische oder
  räumliche Infrastruktur gesorgt. Zusätzlich erfolgt hier die Fort-
  schreibung von Dokumentvorlagen, Präsentationen sowie die
  Verwaltung und Bereitstellung wesentlicher übergreifender
  Dokumentationen.

Entsprechend dem Stand bei der Durchführung eines Projektes ist in der Arbeit des Programm Management Office eine Phasenstruktur erkennbar. In der frühen Phase „Konzeption" bestanden die Hauptaufgaben des PMO darin, administrative Strukturen zu schaffen und umzusetzen. Dies bei allen Prozessen, Standards und Methoden in den Bereichen Projekt-, Qualitäts- und Risikomanagement.

Ziel war es, ein gemeinsames Verständnis dafür zu entwickeln, wie bei der Realisierung von E-Government-Projekten vorzugehen ist. In diese Zeit fällt auch die Erstellung einer ersten Version des Projekthandbuchs für die Realisation von E-Government-Projekten (PHB). Bereits hier wurde die Leitidee deutlich, welche die Etablierung des PMO vorantrieb. Zum einen ging es darum, durch Vereinheitlichung einen Gleichklang der Projekte zu erreichen, und zum anderen durch die Übernahme zentraler Dienstleistungen die Einzelprojekte zu entlasten.

Der gleichen Leitidee folgte der Aufbau eines zentralen Finanz-Controllings der E-Government-Projekte mit der Unterstützung durch das PMO. Hessen besitzt eine landesweit einheitliche Kostenträgerstruktur für die Aufwandserfassung der IT-Projekte. Sie ist im IT-Controlling-Konzept festgelegt (siehe Seite 29).

Bedingt durch die organisatorische Vielfalt zum Start der Projekte war die Installation eines separaten Berichtsweges für das Aufwandscontrolling notwendig. So wurde im Projekthandbuch auch festgelegt, dass alle Dienstleister wöchentlich an den Auftraggeber berichten. Dies verhindert, dass am Monatsende Tätigkeiten zu klären sind, die im ungünstigsten Fall bereits vier Wochen zurückliegen. Diese zeitnahe Berichterstattung hat sich bewährt und wird unverändert praktiziert.

Durch den getrennten Berichtsweg liegen die Zahlen im Normalfall spätestens acht Arbeitstage nach Monatsende vor. Diese Schnelligkeit ist allerdings mit einem erhöhten Aufwand verbunden, den die Projektmitarbeiter bei der Erfassung und das PMO bei der Konsolidierung und Berichterstellung zu leisten haben.

Weitere zentrale Leistung des PMO in der Konzeptionsphase war die Etablierung einer zentralen Projektablage für die E-Government-Projekte. Die organisatorische Vielfalt erforderte auch hier eine Lösung, die alle Beteiligten nutzen konnten. Deshalb schieden organisationsinterne Dateiablagen von vornherein aus. Die gemeinsame Ablage erfolgte deshalb in einer Lotus Notes Datenbank, der PMDB. Hier existiert für jedes Projekt eine Instanz, in der die Verlaufs- und Ergebnisdokumente der Projekte gehalten werden. Die Struktur hierfür ist zentral vorgegeben. Eine gemeinsam genutzte Datenbankinstanz stellt zentrale Dokumente und Dokumentationen bereit.

Im Lauf der Jahre haben sich die eingeschlagenen Wege im Wesentlichen bewährt. Nachdem die Hessische Zentrale für Datenverarbeitung (HZD) in den Jahren 2006 und 2007 als Konzerndienstleister des Landes in den E-Government-Projekten eine geänderte Rolle eingenommen hat, wurden auch die Aufgaben des PMO angepasst.

Durch Änderungen im Vertragsmanagement laufen seit 2007 beispielsweise alle Verträge mit den Partnern in den E-Government-Projekten über die HZD. Es ist deshalb nur konsequent, auch das finanzielle Controlling auf der Basis der Zahlen im kaufmännischen System der HZD durchzuführen und die „Nebenbuchhaltung" mit getrenntem Berichtsweg zurückzufahren.

Allerdings ist abzusehen, dass außerhalb des E-Government-Umfelds unverändert Projektkonstellationen existieren, bei denen Finanzcontrollings mit getrenntem Berichtsweg weiter Bestand haben werden. Auch hinsichtlich der einheitlichen Projektablage wird zurzeit eine Migration von der Notes-Datenbank auf einen Microsoft Office Sharepoint Server durchgeführt. Die in der Notes-Umgebung gewonnenen Erkenntnisse werden dabei intensiv genutzt und bestimmen das Customizing der neuen Umgebung wesentlich mit.

2.3 Integration

Verwaltungsabläufe werden durch Integration von Datenverarbeitung und Fachverwaltung im Bereich der Querschnittsverfahren vereinfacht. Standardisierte und zentralisierte Strukturen erleichtern dabei die Verknüpfung von Daten und Anwendungen. Insgesamt sorgt dies auch für eine gesteigerte Transparenz bei den einzelnen Vorgängen.

A Neue Verwaltungssteuerung (NVS)

Das bislang größte Vorhaben der hessischen Landesregierung zur Modernisierung und Reformierung der Verwaltung. Es umfasst u. a. als Paradigmenwechsel die Umstellung des bisherigen kameralen Haushalts auf die kaufmännische Buchführung sowie die Einführung eines DV-gestützten Personalmanagementsystems auf der Basis einer Standardsoftware von SAP.

B E-Justice und E-Government

Die Modernisierungsmaßnahmen der hessischen Justiz laufen innerhalb des Rahmens ab, den die Landesregierung mit den Standards des E-Government gesetzt hat. Die von der Verfassung vorgegebene Gewaltenteilung, die Unabhängigkeit der Richter, die sachliche Unabhängigkeit der Rechtspfleger sowie das Legalitätsprinzip der Strafprozessordnung erfordern gleichwohl eine deutliche Abgrenzung dazu.

A   Neue Verwaltungssteuerung

Grundlagen

Das Projekt Neue Verwaltungssteuerung (NVS) ist das bislang größte Vorhaben der hessischen Landesregierung zur Modernisierung und Reformierung der Verwaltung. Es umfasst u. a. als Paradigmenwechsel die Umstellung des bisherigen kameralen Haushalts auf die kaufmännische Buchführung sowie die Einführung eines DV-gestützten Personalmanagementsystems auf der Basis einer Standardsoftware von SAP. Erreicht wird dadurch verbesserte Transparenz über Finanzen, Leistungen und Effizienz der Landesverwaltung – Grundlagen eines ganzheitlichen E-Governments.

Fünf Punkte stehen im Vordergrund des Projektes:

- Realisierung von Einsparpotenzialen,
- Wirtschaftlichkeit im Abschreibungszeitraum,
- strategische Strukturverbesserungen mit langfristiger Auswirkung,
- Transparenz öffentlicher Leistungen,
- Qualitätsverbesserung öffentlicher Leistungen.

Im Rahmen der Neuen Verwaltungssteuerung werden in den rund 800 Dienststellen der Landesverwaltung das kaufmännische Rechnungswesen mit Kosten- und Leistungsrechnung sowie ein betriebswirtschaftlich orientiertes Controlling eingeführt. Das passiert auf der Grundlage eines einheitlichen Landesreferenzmodells auf der SAP-Plattform. Im Ergebnis werden so die Kostenstrukturen permanent überschaubar, und es entsteht ein tragfähiges Fundament für Verwaltungsentscheidungen. Darüber hinaus wird ein modernes, einheitliches Personalwirtschaftssystem dazu beitragen, den Mitarbeitereinsatz zu optimieren und maximale Transparenz auch über die Kosten für Bedienstete und Versorgungsempfänger zu erreichen.

Die Versorgung von Bürgern und Wirtschaft mit immer mehr qualitativ hochwertigen Verwaltungsleistungen muss mit möglichst geringem Aufwand erfolgen. Das funktioniert nur, wenn die zur Verfügung stehenden Mittel hoch effizient eingesetzt und ausgeschöpft werden. Wichtigste Voraussetzung dafür sind klare Kosten- und Nutzenstrukturen.

B E-Justice und E-Government – mehr als eine begriffliche Abgrenzung

Die Modernisierungs-Maßnahmen der hessischen Justiz laufen innerhalb des Rahmens ab, den die Landesregierung mit den Standards des E-Government gesetzt hat. Die von der Verfassung vorgegebene Gewaltenteilung, die Unabhängigkeit der Richter, die sachliche Unabhängigkeit der Rechtspfleger sowie das Legalitätsprinzip der Strafprozessordnung erfordern gleichwohl eine deutliche Abgrenzung dazu.

Unter E-Justice sind alle justiziellen Angebote digitaler Information und Kommunikation sowie digitaler Transaktion und Interaktion zu verstehen. E-Justice richtet sich an Rechtsuchende und die rechtsberatenden Berufe, an die Wirtschaft und natürlich an Justizdienststellen und die Verwaltung.

Diesem Grundgedanken folgend rief der Hessische Minister der Justiz im Juli 2005 eine E-Justice-Kommission ins Leben. Sie bildete sich aus hochrangigen Vertretern der Wirtschaft, der Anwaltschaft, der Notare, dem Staatssekretär und Bevollmächtigten der hessischen Landesregierung für E-Government und Informationstechnologie sowie Vertretern der hessischen Justiz. Die Leitung lag beim Staatssekretär der Justiz.

Diese Kommission sollte den Stand und die Entwicklungsmöglichkeiten der hessischen Justiz im Bereich des E-Justice und des elektronischen Rechtsverkehrs für die nächsten sechs Jahre beschreiben. Gleichzeitig ging es darum, die Strategie und die Ausbauperspektiven in Hessen für effektive und rationalisierende E-Justice-Angebote aufzuzeigen.

Besonderes Augenmerk wurde darauf gelegt, die Anforderungen der Gesellschaft, insbesondere der Wirtschaft sowie der Anwälte und Notare an E-Justice und den elektronischen Rechtsverkehr zu berücksichtigen, um bereits im Vorfeld Fehlentwicklungen zu vermeiden. Damit war sicher gestellt, dass nicht nur die Justiz, sondern auch die „Kunden" (Wirtschaft, Bürger, Anwälte, Notare) von den neuen Möglichkeiten und eventuellen Rationalisierungseffekte profitieren könnten.

Die E-Justice-Kommission hat am 24. Mai 2006 ihren Bericht vorgelegt und der Landesregierung empfohlen:

- das Ziel der Modernisierung der hessischen Justiz unter besonderer Berücksichtigung der Informationstechnik mit Nachdruck zu verfolgen, um umfassenden elektronischen Rechtsverkehr zu ermöglichen,

- E-Justice im weitgehenden Gleichklang mit den E-Government-Aktivitäten umzusetzen, soweit die Gewaltenteilung, die richterliche Unabhängigkeit, die sachliche Unabhängigkeit der Rechtspfleger und das Legalitätsprinzip der Strafprozessordnung dies zulassen,

- die aufgezeigten Ansätze in der Weise zu fördern, dass zunächst die Infrastruktur des E-Justice mit Signaturkarten und umfassendem Einsatz des elektronischen Gerichtsbriefkastens für Postein- und -ausgang hergestellt wird,

- die erforderlichen Maßnahmen für eine Akzeptanz des elektronischen Rechtsverkehrs durch die Nutzer und die Bediensteten der hessischen Justiz zu treffen,

- den elektronischen Rechtsverkehr so aufzubauen, dass durchgehende elektronische Abläufe vom Antragsteller zur Justiz und zurück geschaffen werden, um eine medienbruchfreie Übergabe elektronischer Daten zwischen allen Verfahrensbeteiligten zu ermöglichen,

- die Grundlage für die Einbindung der Justizfachanwendungen in den elektronischen Rechtsverkehr in der mittelfristigen Integration, Ablösung und / oder Neugestaltung der derzeit eingesetzten Justizfachanwendungen zu sehen, diese Entwicklung entschieden zu fördern und im Rahmen der Wirtschaftlichkeit voranzutreiben,

- die im Bericht aufgezeigten Einzelansätze des E-Justice in einer geordneten Entwicklung zu verfolgen, nach Möglichkeit in Zusammenarbeit mit den Ländern, um die bundesweite Einheitlichkeit der Justiz so weitgehend wie möglich zu wahren und ganz erheblich Kosten zu teilen. Größte Bedeutung kommt daher der Arbeit der Bund-Länder-Kommission für Datenverarbeitung und Rationalisierung in der Justiz zu, insbesondere der Weiterentwicklung des Justizportals der Länder. Darüber hinaus sind die E-Justice-Aktivitäten über die länderübergreifende Zusammenarbeit in der Initiative „Deutschland online" und die Konferenz der Justizministerinnen und -minister zu unterstützen.

Als Prioritäten für eine erfolgreiche Zukunft des E-Justice in Hessen wurden definiert: E-Justice bedarf in erster Linie einer technischen Infrastruktur. Die Einführung eines Signatursystems in der hessischen Justiz ist ebenso vorrangig zu betreiben wie der elektronische Postein- und -ausgang zu realisieren und in allen hessischen Gerichten und Staatsanwaltschaften zum Einsatz zu bringen ist. Die aufgezeigten Einzelansätze des E-Justice sind mit Nachdruck zu verfolgen. Dabei sind diejenigen Projekte vorrangig, die wegen bevorstehender Umsetzungsreife, der erwarteten Rationalisierung oder prognostizierter Nutzerzahlen den besten Effekt für die „Kunden" der Justiz, die Verwaltung oder die Justiz selbst erwarten lassen.

Unter den genannten Prämissen sind vier Projekte hervorzuheben:

Elektronisches Gerichts- und Verwaltungspostfach (EGVP)

Die hessische Justiz hat den elektronischen Zugang zu allen insgesamt 95 Gerichten und Staatsanwaltschaften eröffnet. Mit einer entsprechenden Verordnung über den elektronischen Rechtsverkehr vom 26. Oktober 2007 wurde die Einreichung elektronischer Dokumente in allen Verfahren nach der Zivilprozessordnung, dem Arbeitsgerichtsgesetz, der Verwaltungsgerichtsordnung, dem Sozialgerichtsgesetz, der Strafprozessordnung sowie dem Gesetz über Ordnungswidrigkeiten ermöglicht. Gleiches gilt auch in Beschwerdeverfahren nach der Grundbuchordnung und nach dem Gesetz über die Angelegenheiten der freiwilligen Gerichtsbarkeit.

Anmeldungen zur Eintragung in das Handels-, Genossenschafts- und Partnerschaftsregister in öffentlich beglaubigter Form wie auch die weiteren Dokumente in Registersachen können seit Jahresbeginn 2007 in Folge des Gesetzes über elektronische Handelsregister und Genossenschaftsregister sowie das Unternehmensregister (EHUG) nur noch elektronisch eingereicht werden. Auch hierfür steht der elektronische Gerichtsbriefkasten zur Verfügung.

Online Klageverfahren

Das Projekt „Online Klageverfahren in der hessischen Justiz & elektronische Vorschusszahlung" wird über das Hessenportal einen neuen elektronischen Zugang zu den Gerichten eröffnen. Die Pilotierungsphase für Zivilsachen der ersten Instanz hat beim Landgericht Limburg a. d. Lahn im Februar begonnen und ist bis November 2008 geplant.

Für die Kundenseite (Anwaltsseite) wird ein Zugang im Landesportal Hessen zugelassen. Dieser Weg ermöglicht die Übertragung der strukturierten Stammdaten (Kläger, Beklagter, Prozessbevollmächtigter) und nötiger Anhänge (Klageschrift, Beweismittel) im XJustiz-Format durch das elektronische Gerichts- und Verwaltungspostfach (EGVP) an das Gericht. Dort erfolgt die automatisierte Weiterverarbeitung der Klage durch die Fachsoftware.

Um die Möglichkeiten des elektronischen Rechtsverkehrs auch auf dem umgekehrten Weg zu nutzen, werden bei elektronisch eingereichten Klageschriften die Vorschusskostenrechnungen elektronisch an die Parteivertreter übersandt. Dabei wird ein elektronisches Bezahlsystem (E-Payment) die Möglichkeit eröffnen, im Hessenportal mit Kreditkarte, giropay oder im elektronischen Lastschriftverfahren zu zahlen. So werden Vorschusszahlungen schnell und sicher abgewickelt.

Die hessische Justiz erprobt im Projekt „Elektronisches Ordnungswidrigkeitenverfahren (eRV-OWi)" den vollständig elektronischen Verfahrensablauf von der Zentralen Bußgeldstelle beim Regierungspräsidium Kassel über die Staatsanwaltschaften bis zu den Gerichten. Ziel ist, die mehrfache Erfassung von Personen- und Verfahrensdaten zu vermeiden sowie das Verfahren insgesamt zu beschleunigen. Dies auch dadurch, dass Papierakten nicht mehr transportiert werden müssen.

Es ist das erste Verfahren in der Bundesrepublik mit einer rein elektronischen Gerichtsakte. Für die Justiz ist ein Dokumentenmanagementsystem (DMS) zum Führen von elektronischen Akten und eine Kommunikationsplattform zum Austausch der Daten und der elektronischen Akten eingerichtet worden. Bei der Staatsanwaltschaft ist die elektronische Akte bereits seit März 2007 im Einsatz, beim Amtsgericht Kassel ist dies seit Januar 2008 der Fall. Auch der Rückweg der Kommunikationsflüsse vom Gericht über die Staatsanwaltschaft zur Zentralen Bußgeldstelle (ZBS) erfolgt seitdem ausschließlich elektronisch.

In diesem Projekt soll zusätzlich die Basistechnologie für weitere Anwendungen im elektronischen Rechtsverkehr geschaffen werden.

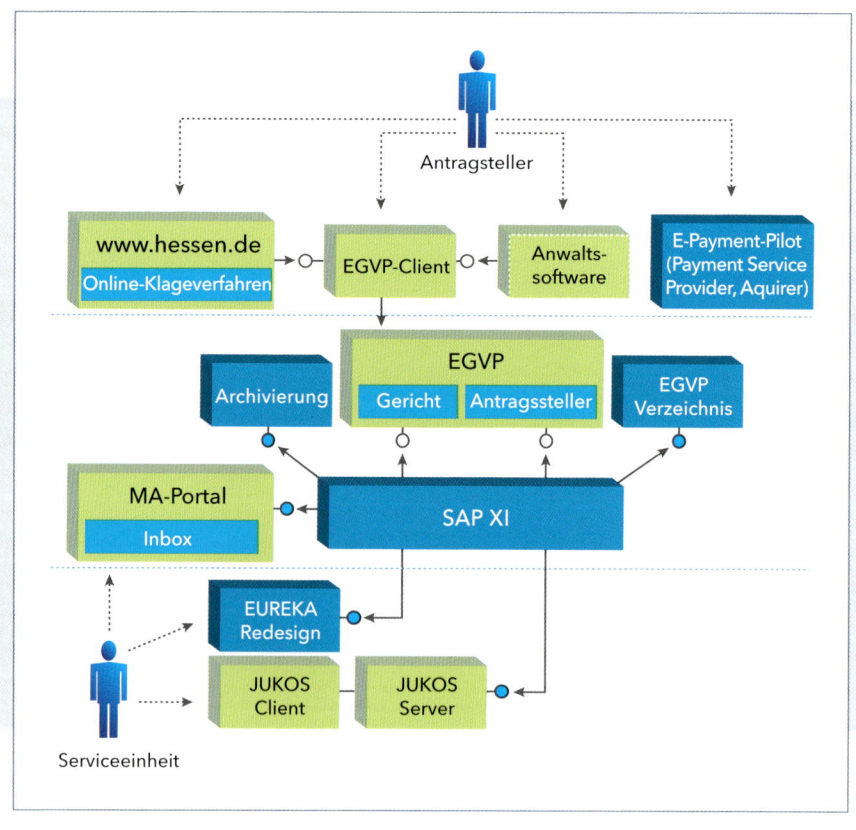

Elektronischer Rechtsverkehr in Ordnungswidrigkeiten (eRV-OWi)

Justizportal des Bundes und der Länder

Im Verbund mit dem Bundesministerium der Justiz und den Landesjustiz-
verwaltungen der Bundesländer wird der Auf- und Ausbau des Justizportals
des Bundes und der Länder unterstützt und vorangetrieben.

Dieses Portal dient den Bürgern und der Wirtschaft als universelle und fachlich orientierte Einstiegs-, Informations- und Leitseite zur deutschen Justiz.
Daneben werden auch zunehmend Online-Dienstleistungen angeboten.

Über das Orts- und Gerichtsverzeichnis kann das örtlich zuständige Gericht
(Amts-, Land- und Oberlandesgericht) und die Staatsanwaltschaft für einen
Ort der Bundesrepublik Deutschland einfach ermittelt werden. So ist sowohl
der Zugang zu dem Bundes- und Landesrecht („Hessenrecht") als auch die
hessische Landesrechtsprechungsdatenbank „LaReDa" hierüber erreichbar.

Weiterhin werden alle Fachportale der Justiz unter dem Dach des Justizportals vereint. Ein gerade von der Wirtschaft häufig genutztes Portal ist das
gemeinsame Registerportal des Bundes und der Länder. Hierüber stehen
die Handels-, Genossenschafts- und Partnerschaftsregister sowie zum Teil
die Vereinsregister aller Bundesländer online zur Verfügung.

Weitere hoch frequentierte Fachportale sind das gemeinsame Portal für
Bekanntmachungen der Insolvenzgerichte und zur Benennung von Zwangs-
versteigerungsterminen.

Für das Mahnverfahren existiert ebenfalls ein Fachportal. Hierüber ist auch
die Online-Anwendung für Mahnbescheide eines jeden zentralen Mahn-
gerichts – in Hessen das Amtsgericht Hünfeld – möglich. In einem interakti-
ven Antragsformular werden die Daten des Verfahrens eingegeben und bei
der Eingabe bereits inhaltlich geprüft. Damit sind fehlerhafte Anträge weitgehend ausgeschlossen. Die Daten werden (unter Nutzung des Elektronischen Gerichts- und Verwaltungspostfachs „EGVP") verschlüsselt und mit
einer qualifizierten Signatur versehen an das Mahngericht versandt.

Weitere Angebote von Online-Diensten wie Grundbucheinsicht per Internet werden aufgebaut.

Es bleibt festzustellen, dass die Förderung und Ausweitung des elektronischen Rechtsverkehrs das maßgebliche Ziel der hessischen E-Justice-Bemühungen ist. Der Bericht der „E-Justice-Kommission" weist dabei den Weg für die nächsten Jahre. E-Justice ist ein erfolgsorientiertes Kommunikations- und Interaktionsangebot zwischen Justiz, Rechtsuchenden und den Angehörigen der rechtsberatenden Berufe als auch der Wirtschaft. E-Justice ist daher nicht nur ein Beitrag dazu, effektiver und schneller im Einzelfall für Gerechtigkeit sorgen zu können. Es ist vor allem auch ein Infrastruktur-angebot, eine Optimierung der Geschäftsabläufe zum Nutzen aller Rechtsuchenden und der Wirtschaft.

2.4 Interoperabilität

Das Miteinander von Technik und Organisationen erlaubt übergreifende Nutzungsmöglichkeiten innerhalb der Verwaltung. Diese Interoperabilität bildet neben Standardisierung, Zentralisierung und Integration den vierten Grundpfeiler der neuen Verwaltungsinfrastruktur. Das Hessenportal ist dabei gleichermaßen verbindender wie auch individualisierender Rahmen für die einzelnen Prozesse.

A **Das Hessenportal**

Dies ist die zentrale hessische E-Government Plattform. Es integriert sämtliche Auftritte der Landesverwaltung und verschiedenste Fachanwendungen unter einer gemeinsamen Oberfläche. Das Portal ist die zentrale Anlaufstelle für Bürger und Wirtschaft und unterstützt die Mitarbeiter innerhalb der Landesverwaltung in ihrer täglichen Arbeit. Vorher stellte sich die Landesverwaltung mit einer Vielzahl von Auftritten dar.

B **Der Inventurservice des Landesreferenzmodells Rechnungswesen (LRM ReWe)**

Inventarisierung von Anlagengütern ist ein wichtiger und wegen der Bilanzierung auch notwendiger Prozess. In Hessen werden zur Unterstützung dieser Arbeit unterschiedliche fachspezifische IT-Verfahren (dezentrale Fachverfahren) verwendet. Diese übernehmen damit auch Aufgaben aus dem Bereich des Rechnungswesens.

A Das Hessenportal als integrierende Plattform

Das Hessenportal ist die zentrale E-Government Plattform der hessischen Landesverwaltung. Es integriert sämtliche Auftritte der Landesverwaltung und verschiedenste Fachanwendungen unter einer gemeinsamen Oberfläche, vereint sie damit unter einem Dach. Das Portal ist die zentrale Anlaufstelle für Bürger und Wirtschaft und unterstützt die Mitarbeiter innerhalb der Landesverwaltung in ihrer täglichen Arbeit.

Vor der Realisierung dieser Plattform stellte sich die Landesverwaltung mit einer Vielzahl von Auftritten dar, die auf unterschiedlichen Betriebssystemen, mit verteiltem technischen Support und unterschiedlichen Internetfunktionalitäten betrieben wurden. Damit verbunden war eine Doppelung in der Datenhaltung und erhöhte Kosten des Betriebs.

Schaffung von Interoperabilität durch die
Zusammenführung von Informationen und Anwendungen

Was bedeutet Interoperabilität?

Es impliziert die Fähigkeit zur Zusammenarbeit verschiedener Systeme, Technik und Organisationen. Ziel ist eine Effizienzsteigerung durch die Beseitigung von Medienbrüchen und Barrieren. Beim Hessenportal bezieht sich Interoperabilität auf die ressortübergreifende Zusammenarbeit sowie die ressortübergreifende Verschmelzung von technischen, kommunikativen und organisatorischen Aufgaben. Dabei wird die Interoperabilität häufig über die Definition von Standards realisiert, um die Ziele, Nutzung von Synergien sowie Effizienzsteigerung zu realisieren.

Interoperabilität durch eine einheitliche technologische Basis

Das Hessenportal heute realisiert eine einheitliche Portaltechnologie mit gemeinsamen Standards. Diese basiert auf dem Softwareprodukt SAP Enterprise Portal 6.0. Es bietet viele Funktionen wie eine gemeinsame Nutzer- und Berechtigungsstruktur, eine Dialogsteuerung, eine Online-Hilfe oder einen gemeinsamen Portalrahmen für die Auftritte.

Doch das Hessenportal leistet weit mehr als die reine Bereitstellung von Informationen. Ingegriert sind auch verschiedene Fachanwendungen, die auf einer einheitlichen technologischen Basis der Portal-Shared-Application-Plattform (PSAP) zusammengeführt werden. Es ist damit quasi ein „Betriebssystem", das Webauftritte und Fachanwendungen technologisch zusammenführt. Dadurch werden ressortübergreifende Informationen nicht mehrfach, sondern nur einmal als Datenbestand vorgehalten. Der zentrale bzw. einheitliche Betrieb der technologischen Plattform führt zusätzlich zu Synergien und Effizienzsteigerung im Rahmen der Interoperabilität.

Darüber hinaus wurden zusätzliche Funktionalitäten und damit weitere Standards entwickelt. Dazu gehört die portalintegrierte Authentifizierung (PIA), die eine einmalige Anmeldung des Mitarbeiters für verschiedene Fachanwendungen im Portal ermöglicht. Zusätzlich wurde eine Front-End-Komponente (SI IMP) entwickelt, die einen schnellen Seitenaufbau ermöglicht. Somit können auch externe Nutzer mit einem langsamen Internetanschluss auf das Hessenportal zugreifen.

Einheitliche Informationsstruktur und Barrierefreiheit als Grundpfeiler kommunikativer Interoperabilität

Auch im Rahmen der Kommunikation ist das Hessenportal ein Beispiel für Interoperabilität. Durch ein einheitliches Layout auf Basis des Corporate Designs wurden Standards im Styleguide gesetzt. Sie sind für alle Ressorts bindend und lassen die Leistungen des Konzerns Hessen unter einem Dach erscheinen. So besitzt das Layout des Hessenportals auf der ersten Navigationsebene eine zentrale Navigationsstruktur. Damit stellt sich jeder in das Hessenportal integrierte Auftritt in einer homogenen Struktur dar. Auf diese Weise nimmt jeder Nutzer die hessische Landesverwaltung als Einheit mit gemeinsamem Corporate Design wahr. Er kann problemlos zwischen den Auftritten der Ressorts wechseln sowie ressortübergreifend suchen und findet so schneller die für ihn relevanten Inhalte.

Kommunikationsplattform nach innen und außen

Interoperabilität im kommunikativen Bereich wird aber auch durch einen barrierefreien Zugang geschaffen. So war eine wesentliche Anforderung an das Hessenportal, allen Bürgern den Zugang zu Informationen und Services zu ermöglichen. Medienbrüche wurden auf diese Weise von vornherein ausgeschlossen, um eine breite Interaktion mit der Verwaltung zu garantieren.

Barrierefreiheit und die Umsetzung des Bundesbehindertengleichstellungsgesetzes hat als zentrale Anforderung zu Standardisierungsvorgaben bei der Migration von Webauftritten im Hessenportal geführt. Gleiches gilt bei der Integration von Fachanwendungen. So muss zum Beispiel auf den Internetseiten eine Trennung von Inhalt und Layout erfolgen. Auf spezielle Funktionen wie bewegte Animationen wurde verzichtet, da sie durch einen Screenreader für Sehbehinderte nicht gelesen werden können.

Insgesamt wurde alles getan, um die hessisches Landesverwaltung und ihre Dienstleistungen im öffentlichen Diskurs optimal zu positionieren und eine direkte Interaktion zwischen Bürgern und der Verwaltung zu ermöglichen.

Ressortübergreifende Zusammenarbeit und organisatorische Interoperabilität

Um eine ressortübergreifende Kommunikation innerhalb der Landesverwaltung zu ermöglichen, benötigen die Beschäftigten bei ihrer täglichen Arbeit Informationen im Mitarbeiterportal, im Dokumentenmanagementsystem sowie in weiteren Fachinformationssystemen. Einerseits soll den Mitarbeitern durch ein einfaches Verfahren der Zugriff auf verschiedene Systeme ermöglicht werden. Andererseits muss dieser Zugriff rechtliche Vorgaben der Gewaltenteilung und die Eigenständigkeit der einzelnen Ressorts berücksichtigen.

Innerhalb der einzelnen Ressorts gibt es wiederum besonders schützenswerte Bereiche, die lediglich für einen ausgewählten Personenkreis zugänglich sein dürfen. Hier zeigt sich das grundsätzliche Spannungsfeld, in dem sich Verwaltungsinformatik bewegt. Informationstechnologisch ist eine medienbruchfreie Abwicklung von Arbeitsabläufen durchaus möglich. Allerdings dürfen rechtliche Grundsätze und die damit verbundene Verpflichtung zur Trennung von Daten keinesfalls außer Kraft gesetzt werden.

Im Gegensatz zum Internetportal reicht es im Mitarbeiterportal folglich nicht aus, sämtliche Informationen für jeden einzelnen zur Verfügung zu stellen. Vielmehr müssen die einzelnen Punkte durch ein ausgefeiltes Rollenkonzept für den Einzelnen bereitgestellt werden. So wird er optimal und ohne Informationsüberflutung in seinen Aufgaben unterstützt. Darüber hinaus ist sichergestellt, dass Schützenswertes einen geschlossenen Benutzerkreis nicht verlässt.

Zentrale Prozesse des Hessenportals als Katalysator für Synergien zwischen verschiedenen Dienststellen

Interoperabilität im Sinne einer ressortübergreifenden Zusammenarbeit auf organisatorischer Ebene wird durch die zentralen Prozesse im Hessenportal vorangetrieben. So bietet zum Beispiel der Migrationsprozess die Basis für weitere Synergieeffekte, welche die Interoperabilität zwischen den Dienststellen optimiert.

Im Jahr 2006 löste das Hessenportal die bestehenden Internet- und Intranetauftritte der einzelnen Ministerien, der Staatskanzlei und das zentrale Landesintranet ab. Mit dem Rollout im nachgeordneten Bereich hat im zweiten Halbjahr 2006 die zweite Ausbaustufe begonnen, die wesentlich höhere Anforderungen sowohl an den Migrationsprozess als auch an die migrierenden Dienststellen selbst stellte. Denn während es in der ersten Ausbaustufe auf ministerieller Ebene keine großen inhaltlichen Überschneidungen zwischen den einzelnen Auftritten gab, verhielt sich dies mit der Migration der darunter liegenden Ebene ganz anders.

Es mussten wesentlich komplexere Verwaltungsstrukturen in einem einheitlichen Navigationskonzept abgebildet werden, um redundante Informationen und doppelte Datenpflege zu vermeiden. Mit der Abbildung der Inhalte über verschiedene Verwaltungsebenen in einem gemeinsamen System wurde nicht nur der Anstoß für ein konsistentes dienststellenübergreifendes Informationskonzept geliefert. Dieses wurde auch entsprechend umgesetzt und die daraus resultierenden Synergien wurden genutzt.

Um eine nahtlose, ressortübergreifende Zusammenarbeit und damit das Ziel eines Interaktionsportals zu verwirklichen, wurden und werden heterogene Fachanwendungen integriert, die auf Basis verschiedener technischer Lösungen entwickelt wurden. Letztlich sollen alle Verwaltungsabläufe vollständig und medienbruchfrei über das Hessenportal abgebildet werden.

Hierbei wurden in der Projektphase solche Anwendungen zur Integration ausgesucht, die durch ihre Anforderungen das Portal wesentlich weiterentwickelten. Dazu zählt etwa ein Informationssystem zur Verwaltung von Betriebserlaubnissen und Förderung von Kindertagesstättenverfahren (E-KITA), das eine dienststellenübergreifende Sachbearbeitung im Portal ermöglicht.

Durch die Integration von Anwendungen und die Migration von Auftritten werden somit einheitliche Standards in die Ressorts hineingetragen. Zusätzlich werden durch den Abgleich der funktionalen und redaktionellen Anforderungen an das Portal zentrale Standards vorangetrieben und weiterentwickelt. Auf diese Weise entsteht ein organisatorischer, ressortübergreifender Prozess mit doppeltem Nutzen. Sowohl das Hessenportal als zentrales Produkt als auch die einzelnen Ressorts profitieren davon.

Um hierbei eine optimale Koordination zu gewährleisten, wurden Migrations- und Integrationsprozess standardisiert. Gleichzeitig wurde ein Anforderungs- und Releaseprozess etabliert, der zentral alle Anforderungen sammelt und die Weiterentwicklung des Hessenportals umsetzt.

Interoperabilität im Hessenportal beinhaltet somit nicht nur eine Zusammenarbeit verschiedener technologischer Systeme. Die zentrale Plattform auf einer einheitlichen Portaltechnologie ist vielmehr die grundsätzliche Basis für eine weiterführende ressortübergreifende Zusammenarbeit in der Landesverwaltung und für eine direkte Interaktion mit dem Bürger.

B Der Inventurservice des Landesreferenzmodells Rechnungswesen (LRM ReWe)

Die Inventarisierung von Anlagengütern ist ein wichtiger und wegen der Bilanzierung notwendiger Prozess, der sehr zeitaufwändig ist. In der hessischen Landesverwaltung werden zur Unterstützung dieser Arbeit neben dem LRM ReWe (Anlagenbuchhaltung) unterschiedliche fachspezifische IT-Verfahren (dezentrale Fachverfahren) verwendet. Diese übernehmen damit auch Aufgaben aus dem Bereich des Rechnungswesens und müssen nach Abschluss der Inventur die rechnungslegungsrelevanten Ergebnisse in das LRM ReWe übertragen.

Im Rahmen der konsequenten Ausrichtung Hessens auf eine serviceorientierte IT-Architektur entstand der Bedarf, solche systemübergreifenden Abläufe durch Softwarebausteine („Inventurservices") im Bereich der Anlagenbuchhaltung des LRM ReWe gezielt zu unterstützen. Dadurch ist etwa eine manuelle Erfassung der rechnungslegungsrelevanten Inventurergebnisse im SAP-System nicht mehr notwendig. Der Inventurservice wurde 2007 im Hessischen Competence Center für Neue Verwaltungssteuerung (HCC) entwickelt und pilotiert. Er steht jetzt weiteren dezentralen Fachverfahren mit Inventurfunktionalität zur Verfügung.

Was ist der Inventurservice?

Der Inventurservice bietet einen normierten Ein- und Ausgang des LRM ReWe für alle IT-Verfahren, die im Rahmen einer Anlageninventur maschinell mit dem Rechnungswesen kommunizieren möchten. Der Service wurde unter Verwendung bestehender SAP-Standardtechnologien wie BAPIs (BAPI= Business Application Programming Interface [Programmierschnittstelle in SAP]) oder ABAP OO (ABAP = Advanced Business Application Programming Language [Programmiersprache in SAP]) entwickelt. Dabei wurden die SAP-Standards und die landesspezifischen Standards für Protokollierung, Namenskonventionen und Datensicherungen / -archivierung selbstverständlich berücksichtigt. Gleiches gilt für die bisher im Rechnungswesen des Landes entwickelten und in SAP ausgeprägten Geschäftsprozesse. Besondere Highlights sind der automatisierte Betrieb sowie die vollständige Parametrisierbarkeit. Dadurch entstehen bei der Anbindung weiterer Fachverfahren keine zusätzlichen Programmieraufwände in SAP.

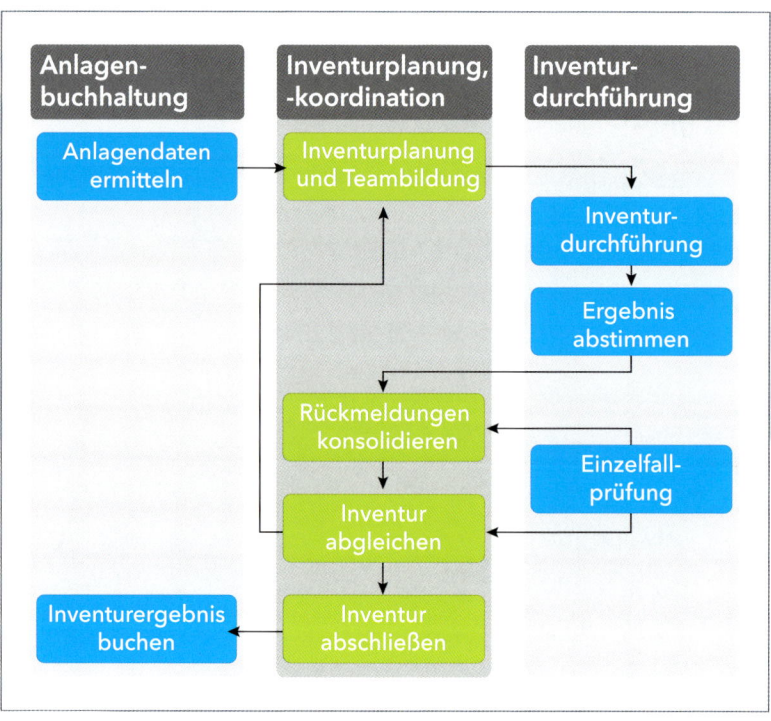

Welche fachlichen Aufgaben werden unterstützt?

Der Inventurservice stellt den dezentralen Fachverfahren alle Anlagendaten eines Buchungskreises aus der Anlagenbuchhaltung (SAP FI-AA) zur Verfügung. So können im Inventurvorsystem die notwendigen Prozesse unterstützt werden. Das gilt etwa für die Bildung von Inventurteams, die Zuordnung der Datenbereiche zu diesen Teams, die Erfassung des aktuellen Anlagenbestandes oder die Kontrolle und den Abgleich der Ergebnisse.

Die Resultate können wieder an den Inventurservice übergeleitet werden. Kostenrechnungsrelevante Änderungen wie Inventurdifferenzen oder Änderungen an der Kostenstellen- oder Kostenträgerzuordung der Anlagen werden vor der Verbuchung in LRM ReWe (im Schnittstellenmonitor) durch den Anlagenbuchhalter überprüft und ggf. freigegeben.

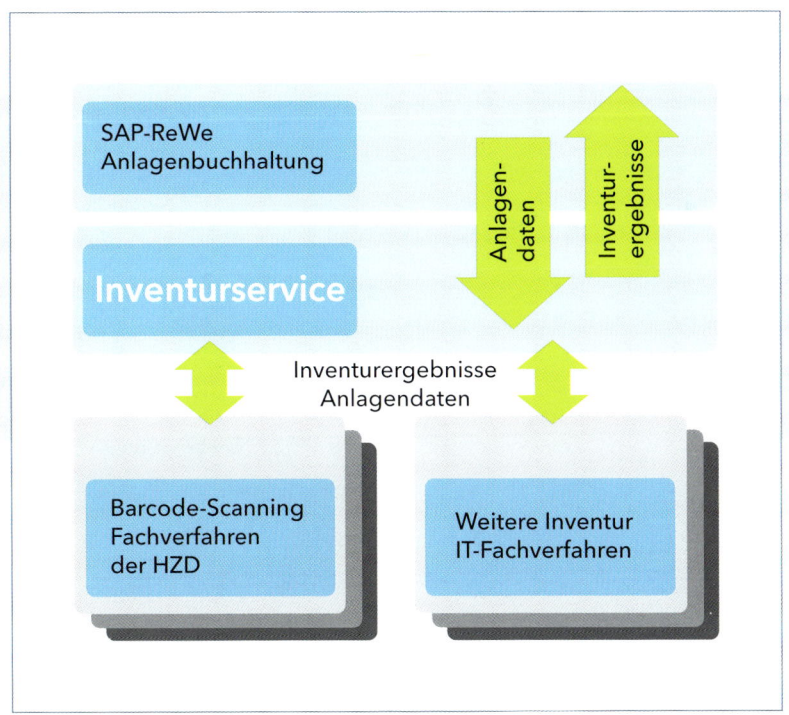

Der Inventurservice verfügt über ein umfassendes Reporting. Es besteht aus Übertragungsprotokollen, Betriebsstatistiken und Fehlerberichten. Diese Unterlagen können über eine integrierte Mailing-Funktion an die Outlook-Postfächer der zuständigen Mitarbeiter innerhalb der Landesverwaltung verschickt werden.

Gerade im IT-Bereich werden häufig Komponenten ausgetauscht oder es kommt durch Umzüge zu Raumänderungen. Der Inventurservice unterstützt auch IT-Fachverfahren mit solchen Prozessen. Durch frei wählbare Periodizität der Daten-Bereitstellung und die Möglichkeit, Inventurergebnisse täglich an den Inventurservice zu übergeben, können z. B. Umzüge durch IT-Unterstützung in Form von Notebooks oder Barcodescannern schnell und effizient durchgeführt werden.

Die Nutzung des Inventurservices erfolgt für beide Inventurarten stets vollautomatisch. Manuelle Eingriffe durch die Sachbearbeiter in den Fachverwaltungen oder eine zentrale Unterstützung durch das HCC entfallen. Das spart Zeit und senkt die Kosten.

Welche Techniken werden eingesetzt?

Der Inventurservice ist auf der Basis des SAP ERP 5.0 mit dem SAP Web Application Server der Version 6.40 entwickelt. Bei der Umsetzung wurde eine für Hessen konzipierte Schnittstellentechnologie in objektorientiertem ABAP auf Basis des Model-View-Controller-Programmiermodells verwendet. Der Service wird unter Verwendung einer speziellen Kommunikationsplattform, des NVS-Schnittstellenservers, angesprochen. Er unterstützt das XML-Dateiformat als landesweiten Standard für Dateitransfers.

Welche Nutzungsmöglichkeiten gibt es?

Grundsätzlich steht der Inventurservice allen Fachverwaltungen zur Verfügung, die ein IT-Verfahren zur Unterstützung der Anlageninventur betreiben. In der Regel bedeutet dies, dass innerhalb der Fachverfahren die Möglichkeit geschaffen werden muss, automatisiert mit dem Inventurservice zu kommunizieren.

Eine weitere Methode ist die Nutzung der „Inventur-Datenbank", welche die Hessische Zentrale für Datenverarbeitung (HZD) entwickelt hat. Dahinter steckt ein Verfahren, für das die Anbindung an den hessischen Inventurservice bereits im Rahmen einer Pilotierung implementiert ist. Diese Datenbank lässt eine Inventur unter Verwendung mobiler Endgeräte wie Notebooks und Barcodescannern zu.

Wie auch für den Inventurservice selbst entstehen bei der HZD-Lösung keine weiteren Programmieraufwände, wodurch ebenfalls eine kostengünstige und schnelle Abwicklung in den Fachverwaltungen gewährleistet ist.

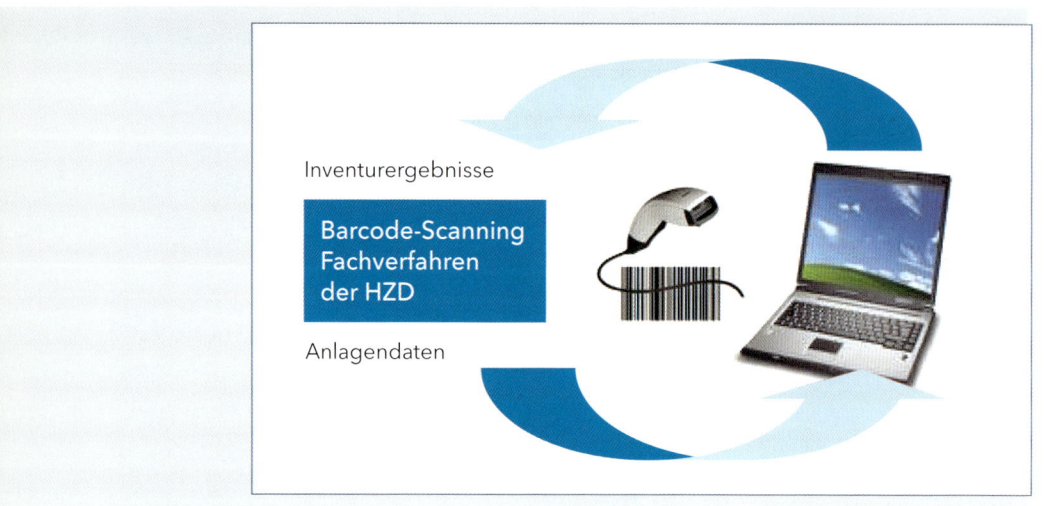

Inventurergebnisse

Barcode-Scanning
Fachverfahren
der HZD

Anlagendaten

Zusammenfassung

Der Inventurservice des Landes Hessen zeichnet sich insgesamt durch folgende Merkmale aus:

- Er ermöglicht es, innerhalb der Landesverwaltung, die Anlageninventur zu optimieren. Doppelerfassungen und Nebenaufschreibungen entfallen.

- Er kann prinzipiell von allen dezentralen Fachverfahren mit Inventurfunktionalität integrativ als gekapselte Standardfunktionalität des zentralen LRM ReWe genutzt werden.

- Er ist technisch vollständig implementiert. Dies bedeutet kurze Projektlaufzeiten sowie niedrige Aufwände für Einführung.

- Er unterstützt sowohl periodische wie auch permanente Inventurprozesse, unabhängig von den zu inventarisierenden Gütern.

2.5 Kooperation

Um die neue Verwaltungsinfrastruktur mit Leben zu füllen, muss der Wille zur Kooperation vorhanden sein. Dies gilt für die verschiedenen Verwaltungsebenen und die unterschiedlichen Zuständigkeitsbereiche. Nutzen für alle bringen etwa bereitgestellte Dienste innerhalb einer serviceorientierten Architektur.

A **E-Einbürgerung**

Dieser Geschäftsprozess beschreibt eine komplexe, überwiegend bundesrechtlich geregelte Verwaltungsaufgabe des Landes mit einer filigranen Beteiligtenstruktur zwischen Kommunen, Land und Bund. Bis zu 20.000 Fälle bei regional sehr schwankender Verteilung müssen jährlich bearbeitet werden.

B **E-Aufenthalt**

Damit die hessischen Ausländerbehörden ihre Aufgaben erfüllen können, ist ein umfangreicher Datenaustausch mit anderen Behörden erforderlich. Das von Seiten des Landes konzipierte System unterstützt die kommunalen Ausländerbehörden ganz entscheidend und beschleunigt die Entscheidungsprozesse. Das Verfahren ermöglicht die Bearbeitung eines höheren Antragsaufkommens mit den vorhandenen Ressourcen.

C **VEMAGS**

Großraum- und Schwertransporte, kurz GST, durchzuführen ist technisch und organisatorisch aufwändig. Ohne Sondergenehmigung läuft nichts. Das Verfahren wurde bisher nur mit Fax durchgeführt. VEMAGS stellt die Kommunikation auf das Internet um. Technisch geschieht dies über eine mehrschichtige Softwarearchitektur.

D **Polizeiliche Zusammenarbeit**

Hier konnte eine breite Zweckgemeinschaft aufgebaut werden, die ein gemeinsam gesteuertes und finanziertes Entwicklungs- und Testzentrum betreibt. Dem gehören derzeit insgesamt elf Bundesländer sowie die Bundespolizei, das Bundeskriminalamt und das Zollkriminalamt an. Solche Kooperationen sind der zeitgemäße Weg, um trotz finanzieller, technischer und fachlicher Ressourcenknappheit die steigende Komplexität und wachsende fachliche Anforderungen zu meistern.

E-Einbürgerung

Die Ausgangssituation

Der Geschäftsprozess einer Einbürgerung beschreibt eine komplexe, überwiegend bundesrechtlich geregelte Verwaltungsaufgabe des Landes mit einer filigranen Beteiligtenstruktur: Kommunen, unterschiedliche Landesinstanzen wie die Regierungspräsidien als Einbürgerungsbehörden, Polizei und Verfassungsschutz, Innenministerium aber auch das Statistische Landesamt.

Bis zu 20.000 Fälle bei regional sehr schwankender Verteilung müssen jährlich bearbeitet werden. Diese hohe Zahl und vor allem die im Durchschnitt zu lange Verfahrensdauer waren starke Motive für die Entwicklung und Einführung eines IT-Systems in diesem Geschäftsprozess. Zugleich sollte das politische Interesse der Landesregierung unterstützt werden, in Form einer „Einbürgerungsoffensive" ausländische Bewohner Hessens als Staatsbürger zu integrieren.

Die Herausforderung

Ziel war es, den Vorgang der Einbürgerung ohne Personalverstärkung von bisher durchschnittlich sechs auf drei Monate zu verkürzen und damit deutlich zu beschleunigen. Gleichzeitig sollten die bisherigen Qualitätsstandards mindestens gehalten werden. Um das zu erreichen, wurden alle in Hessen beteiligen Behörden in einen gemeinsamen Workflow integriert. Grundlage bildete dabei die Novellierung des hessischen Einbürgerungsrechts.

Dieser Workflow sollte sich auf gemeinsame, zentral gehaltene Datenbanken stützen. Das ist unabdingbare Voraussetzung für eine verbesserte Verfahrentransparenz, unabhängig vom Standort des Einbürgerungswilligen. Nach außen sollte so eine Einbürgerung zu jedem Verfahrensstatus einheitlich dargestellt und beauskunftet werden können.

Die technische Lösung

Das Projekt E-Einbürgerung wurde vor diesem Zielkorridor als gemeinsames Projekt des Hessischen Ministeriums des Innern und für Sport, der Regierungspräsidien, des Landeskriminalamtes und des Verfassungsschutzes Hessen mit den Kommunen unter Einbeziehung integrierter elektronischer Abfragen des Bundeszentralregisters realisiert.

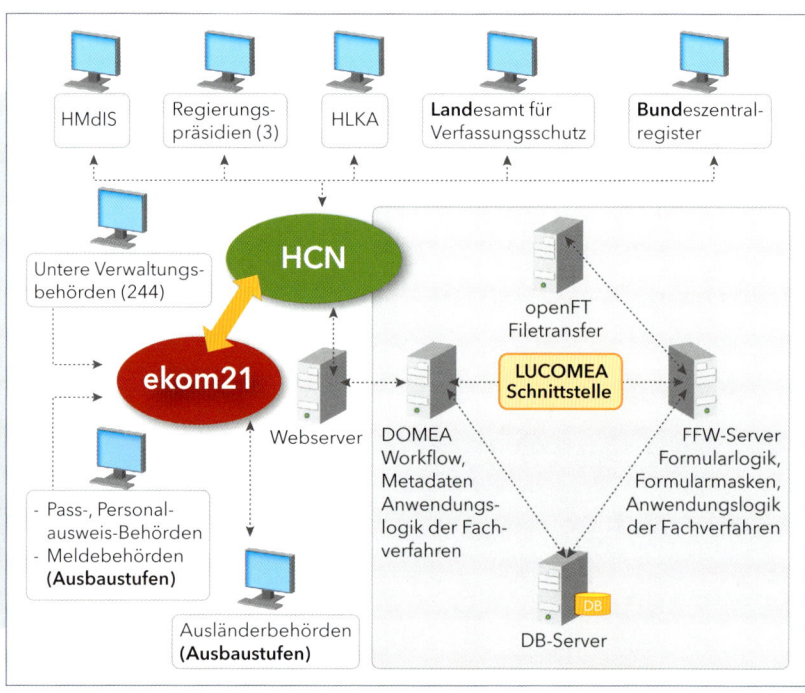

Die Systemarchitektur für die E-Einbürgerung

Dabei erwies sich der Einsatz eines DMS als besonders sinnvoll. So sind die Anträge in ihrem vielschichtigen Workflow zwischen allen Beteiligten transparent zu bearbeiten.

Mittlerweile befindet sich die Fachanwendung E-Einbürgerung im Betrieb. Rund 100 Kommunen mit über 75 % des hessischen Antragsaufkommens nutzen das System in der täglichen Arbeit. 2008 wird der Rollout komplettiert.

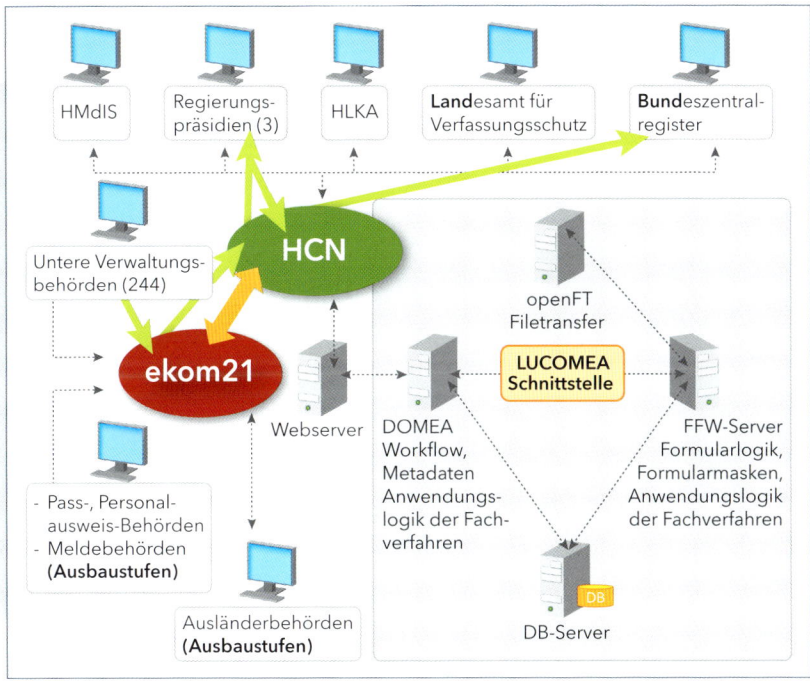

E-Einbürgerung: ein verwaltungsstufenübergreifendes Fachverfahren

B E-Aufenthalt

Ausgangssituation

Die hessischen Ausländerbehörden sind Teil der Verwaltung der Landräte sowie Oberbürgermeister in den kreisfreien Städten und den Sonderstatusstädten. Um Aufgaben in diesem Bereich erfüllen zu können, ist ein umfangreicher Datenaustausch mit anderen Behörden erforderlich.

Das von Seiten des Landes konzipierte System unterstützt die kommunalen Ausländerbehörden ganz entscheidend und beschleunigt die Entscheidungsprozesse. Das Verfahren ermöglicht nämlich die Bearbeitung eines höheren Antragsaufkommens mit den vorhandenen Ressourcen.

Darüber hinaus wird auch die Landesverwaltung erheblich entlastet. Dies gilt insbesondere für die so genannten Regelanfragen an das Hessische Landeskriminalamt (HLKA) und das Landesamt für Verfassungsschutz Hessen (LfVH). Jährlich fallen hier bis zu 20.000 Abfragen an. Aufgrund dieses Volumens integriert das Verfahren E-Aufenthalt in seiner ersten Ausbaustufe die kommunalen Ausländerbehörden und das HLKA sowie das LfVH in dieses System. Die notwendige Kommunikation wird über IT- gestützte Schnittstellen betrieben.

Das Aufenthaltsverfahren beginnt mit einem Antrag, der Vervollständigung der Unterlagen sowie Sachverhaltsermittlungen durch die Ausländerbehörden; dazu gehören auch Anfragen bei anderen Behörden. Die Ausländerbehörden führen die Geschäftsprozesse fort und entscheiden auf der Grundlage ihrer Erkenntnisse über die Aufenthaltserlaubnis.

Die Herausforderung: Optimierung des Informationsaustausches

Die zentrale IT-Lösung unterstützt die Ausländerbehörden zunächst durch die beschleunigte Bearbeitung. Alle notwendigen Informationen können bei den mitwirkenden Behörden (andere Ausländerbehörden, Melde-behörden, Polizei, LfVH, Staatsanwaltschaften, Generalbundesanwalt, Bundeszentralregister, Bundesamt für Migration und Flüchtlinge) über IT- gestützte Schnittstellen angefordert werden.

In einem ersten Schritt werden die hessischen Sicherheitsbehörden einge-bunden. Qualitätsverbesserungen werden außerdem dadurch erreicht, dass die kürzere Entscheidungsdauer notwendige Aktualisierungen bei längerer Laufzeit mindert und die Stimmigkeit der Informationen verbessert.

Lösung: Optimierung des Workflows

Die bisherigen eingespielten Informations- und Kommunikationswege zwischen den beteiligten Behörden werden beibehalten, aber gleichzeitig mit den Vorteilen einer umfassenden IT-Unterstützung verquickt. Die Bearbeitung der Anfragen an die beteiligten Behörden erfolgt

- ohne Papier
- zeitnah
- kostengünstig, da keine Post- oder weiteren Dokumentvorlagen erstellt werden müssen.

Der elektronische Prozessablauf wird durch die in den Ausländerbehörden Hessens genutzten Tools (wie LaDIVA, ADVIS) angestoßen und dem E-Aufenthaltssystem über eine XML-Schnittstelle übermittelt. Das E-Aufenthaltssystem initiiert über eine Middleware, realisiert mit dem Biz-Talk-Server, die weiteren Schritte. Die Daten werden dann von den eigenen Systemen der beteiligten Behörden abgeholt. Ein Eingriff in diese oft sensiblen Systeme erfolgt also nicht.

Nach der Bearbeitung in den externen Systemen der Behörden (HLKA / LfVH) werden die Unterlagen wieder dem BizTalk Server übermittelt. Sobald diese Rückantwort bei den Ausländerbehörden vorliegt, wird sie dort in einem Vorgangskorb dargestellt und kann weiter betreut werden.

Gleichzeitig wird für die zukünftige wirtschaftliche Nutzung eine Grundlage geschaffen, um die aufgebaute IT-Infrastruktur auch für andere Behörden (BAMF, Staatsanwaltschaft, Arbeitsagenturen, Botschaften, Bundespolizei, JVA) nutzen zu können.

Abkürzungen:

- BAMF = Bundesamt für Migration und Flüchtlinge
- JVA = Justizvollzugsanstalt
- LaDIVA = Landeseinheitliches Dialog Verfahren für Ausländerbehörden, Verfahren der Datenzentrale Baden-Württemberg
- ADVIS = AusländerDatenVerwaltungs- und InformationsSystem
- HLKA = Hessisches Landeskriminalamt
- LfVH = Landesamt für Verfassungsschutz Hessen

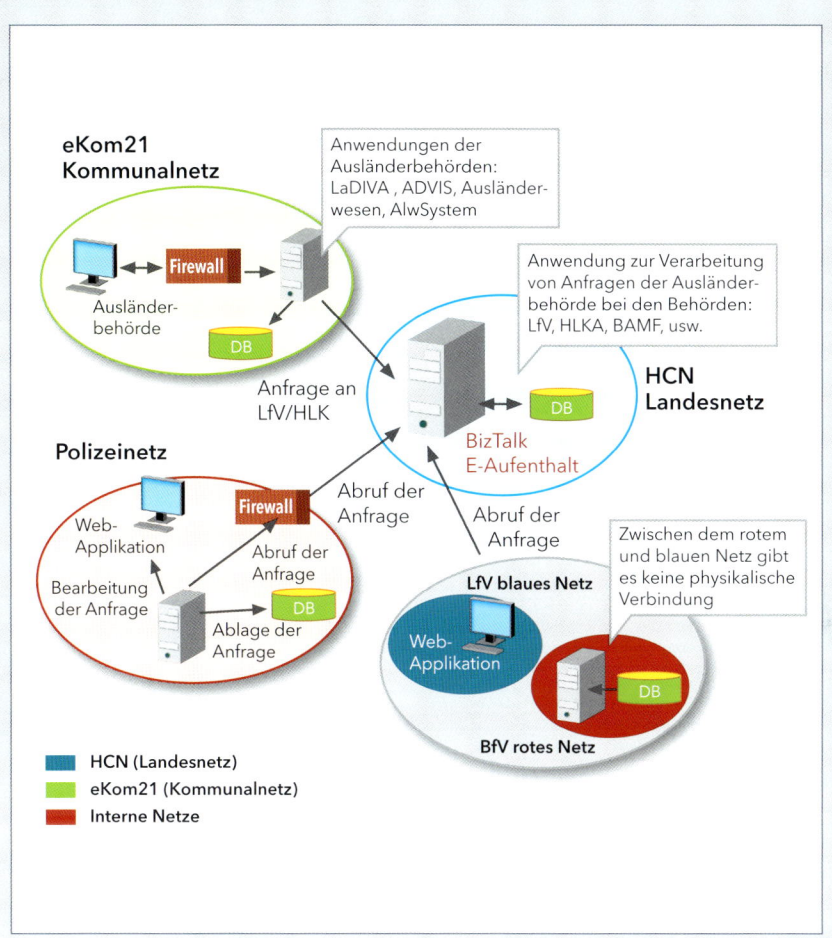

**eKom21
Kommunalnetz**

Anwendungen der
Ausländerbehörden:
LaDIVA , ADVIS, Ausländer-
wesen, AlwSystem

Firewall

Ausländer-
behörde

DB

Anfrage an
LfV/HLK

Anwendung zur Verarbeitung
von Anfragen der Ausländer-
behörde bei den Behörden:
LfV, HLKA, BAMF, usw.

**HCN
Landesnetz**

DB

BizTalk
E-Aufenthalt

Polizeinetz

Firewall

Web-
Applikation

Abruf der
Anfrage

Abruf der
Anfrage

Abruf der
Anfrage

Bearbeitung
der Anfrage

DB

Ablage der
Anfrage

Zwischen dem rotem
und blauen Netz gibt
es keine physikalische
Verbindung

LfV blaues Netz

Web-
Applikation

DB

BfV rotes Netz

■ HCN (Landesnetz)
■ eKom21 (Kommunalnetz)
■ Interne Netze

E-Aufenthalt: Die Systemarchitektur

C **VEMAGS**
Verfahrensmanagement für Großraum- und Schwertransporte

Transporte so hoch wie ein Zweifamilienhaus oder so schwer wie 200 Elefanten. Für Laien kaum vorstellbar. Und doch sind solche Größen und Gewichtsdimensionen auf unseren Straßen unterwegs. Immer dann nämlich, wenn Großraum- und Schwertransporte, kurz GST, bewegt werden. Die Höhe kann dann mehr als zehn Meter, das Gewicht über 500 Tonnen betragen. Ein normal beladender LKW wiegt dagegen maximal bescheidene 40 Tonnen.

GST durchzuführen ist technisch und organisatorisch aufwändig. Ohne Sondergenehmigung läuft nichts. Denn zum einen stellt er eine Verkehrsbehinderung dar und zum anderen kann die Infrastruktur – Straßen und Brücken – durch das abnorme Gewicht stark geschädigt werden. Nur geprüfte Routen sind erlaubt, denn an Engpässen wie Baustellen und Kreisverkehren wäre die Fahrt schnell zu Ende.

Der Antrag für den GST muss bei der zuständigen Verkehrsbehörde gestellt werden, die im Verfahren Erlaubnis- und Genehmigungsbehörde (EGB) genannt wird. Rund. 80 Prozent der Transporte sind Transitfälle, d.h. eine Fahrt durchquert mehrere Bundesländer.

Die EGB prüft, welche Auflagen für den Transport zu erteilen sind: Ist aufgrund des Gewichtes Polizeibegleitung erforderlich oder darf nur nachts gefahren werden, um Verkehrsbehinderungen zu vermeiden? Hierzu befragt die EGB alle betroffenen Stellen im eigenen Land sowie die zuständigen Anhörungsbehörden der anderen Bundesländer.

Angehört werden z. B. Polizei und Straßenbauverwaltung. Diese geben für ihren Zuständigkeitsbereich eine Stellungnahme mit den Auflagen ab. Danach werden sämtliche Anhörungsergebnisse gesammelt und von der EGB an den Antragsteller weitergeleitet. Das Verfahren wurde bisher nur mit Fax durchgeführt. Bei der Vielzahl von Anhörungen und der wirtschaftlichen Bedeutung von GST eine antiquierte Methode, denn jeder Tag des Wartens auf den Bescheid kann die Betriebe viel Geld kosten.

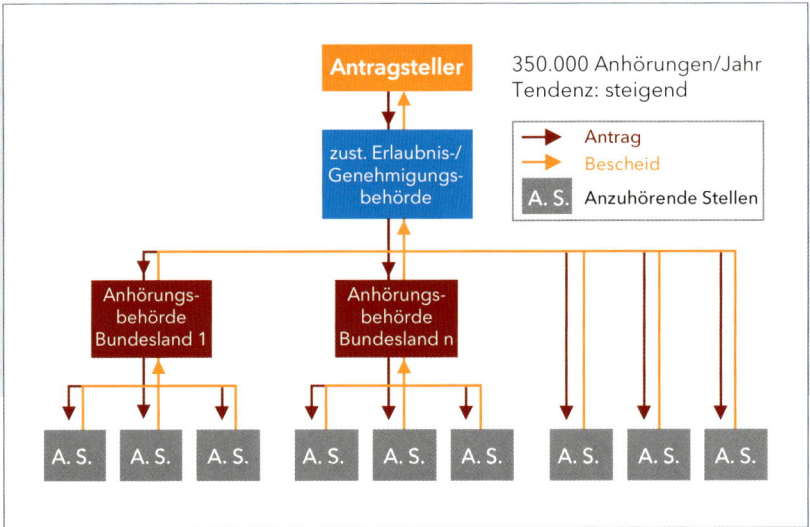

Verfahrensablauf

Wie löst VEMAGS diese Probleme?

VEMAGS stellt die Kommunikation vom Fax auf das Internet um. Technisch geschieht dies über eine moderne, mehrschichtige Softwarearchitektur, die im Kern auf dem quelloffenen Java-Applikations-Server „Jboss"-Server basiert. Antragsteller können online, über eine Schnittstelle oder wie bisher über Fax ihre Anträge stellen. Das System unterstützt und steuert sämtliche Kommunikationsbeziehungen.

Antragsteller können weiterhin mit ihren Softwareprodukten arbeiten. Sie nutzen VEMAGS dann als Verteilerdrehscheibe. Durch die vollständige Umsetzung innerhalb der rechtlichen Rahmenbedingungen unterstützt VEMAGS Wirtschaft wie Verwaltung bei allen Aufgaben im Verfahren. Das reicht also von der Antragstellung und der Prüfung über die Anhörung sowie Abgabe von fachlichen Stellungnahmen bis zur Bescheidzustellung. Für sämtliche Verfahrensbeteiligten ist dabei der Status eines Antrages jederzeit transparent sichtbar.

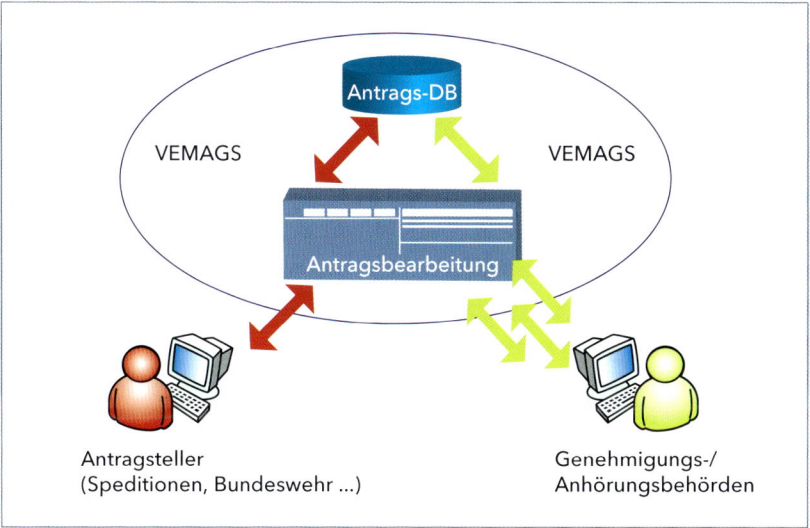

VEMAGS Plattform

Das neue Verfahren erreicht damit diese wichtigen Ziele:

- Bessere Kundenorientierung,
- mehr Transparenz,
- höhere Wirtschaftlichkeit,
- Schutz der Straßeninfrastruktur,
- Erhöhung der Verkehrssicherheit,
- Vermeidung von Verkehrsstörungen.

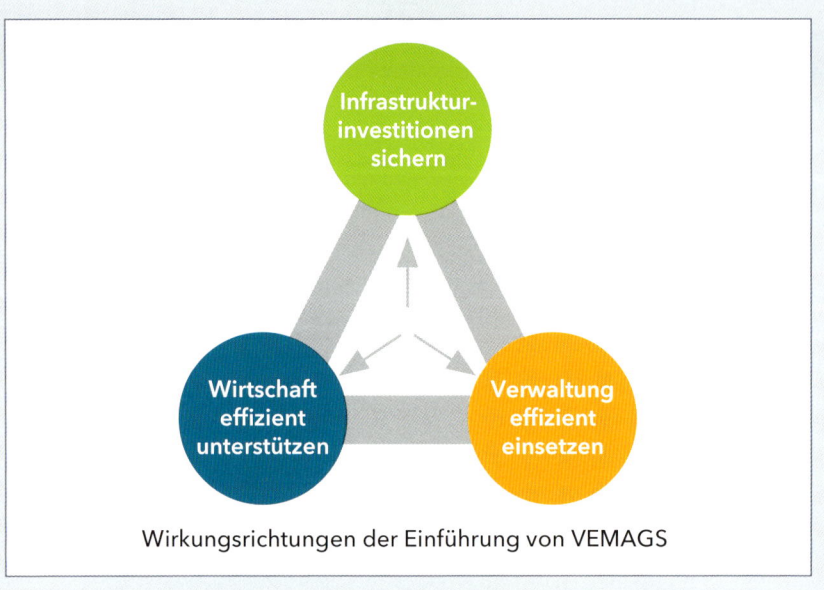

Wirkungsrichtungen der Einführung von VEMAGS

VEMAGS Ziele

Projektablauf

- **1999**   Start des Projektes
- **2003**   Erstellung des DV-technischen Feinkonzeptes
- **2004**   Prämierung der Konzeption beim 4. Deutschen
                   E-Government Wettbewerb
- **2005**   Abstimmung der Verwaltungsvereinbarung
- **2006**   Start der Realisierung des VEMAGS Verfahrens-Moduls
- **7.8.2007**   Start des VEMAGS-Betriebes

Die Herausforderungen

In Deutschland werden jährlich etwa 100.000 offizielle Großraum- und Schwertransporte durchgeführt. Dadurch entstehen etwa 350.000 Anhörungsfälle. In jedem Bundesland gibt es unterschiedliche GST-Abläufe und Organisationen. In das flächendeckende neue Verfahren sind in Deutschland über 1.170 zuständige Behörden und 1.500 Antragsteller – vor allem Speditions- und Kranunternehmen – eingebunden.

Die gesetzliche Grundlage bilden neben zahlreichen Rechtsnormen die Allgemeine Verwaltungsvorschrift zur Straßenverkehrs-Ordnung (VwV-StVO)
sowie die Richtlinien für Großraum- und Schwertransporte (RGST 92). Hohe
Sicherheitsanforderungen gibt es durch die Beteiligung von Polizei und
Bundeswehr sowie durch den betrieblichen Wettbewerb.

Der Projektaufwand

Bei Straßenbauprojekten wird ein 10:1-Zeitverhältnis von Planung zur Realisierung angesetzt. In der Praxis bedeutet das 20 Jahre Planen und 2 Jahre
Bauen. Beim föderalen E-Government-Projekt VEMAGS war das Verhältnis
wider Erwarten ähnlich. Unklare Auftragsverhältnisse sorgten für die lange
Projektvorlaufzeit von 8 Jahren. Die Realisierungzeit von unter einem Jahr
zeigt aber auch, wie schnell und verlässlich Verwaltungen und Wirtschaft
arbeiten können.

In die Realisierung sind 1,6 Millionen Euro investiert worden, weitere
3 Millionen Euro wird der Betrieb in den nächsten fünf Jahren kosten.

Vertragsgrundlage und Projektaufbauorganisation

Grundsätzlich gibt es in Deutschland zwei Möglichkeiten, E-Government-
Verfahren verbindlich einzuführen: per Gesetz oder per Vertrag. Bei
VEMAGS hat man sich insbesondere aus zeitlichen Gründen für die vertragliche Variante entschieden. Bund und alle Bundesländer haben eine entsprechende Verwaltungsvereinbarung getroffen. Darin verpflichten sich die
Unterzeichner, VEMAGS zu finanzieren, zu entwickeln, einzuführen und zu
betreiben.

Das größte Problem war, den föderalen Auftraggeber zu identifizieren und
zu installieren. Der Lenkungsausschuss, die AG VEMAGS, ist die föderale
Auftraggeberorganisation. Sie besteht aus GST-Fachleuten, IT-Experten und
Juristen. Eingesetzt wurde die AG VEMAGS durch die gemeinsame Konferenz der Verkehrs- und Straßenbau-Abteilungsleiter der Länder. Hessen ist
federführend für die Projektierung verantwortlich. Die Projektleitung liegt
beim Hessischen Landesamt für Straßen- und Verkehrswesen.

Projektstrategie

Entsprechend dem Time-to-market-Konzept wurde für VEMAGS ein ganzheitlicher, integrativer Lösungsansatz gewählt. Er wird in Stufen mit fixiertem Leistungsumfang umgesetzt:

- **Stufe 1**   Verfahrens-Modul
- **Stufe 1a**   Statik
- **Stufe 2**   Straßennetzgrundlage
- **Stufe 3**   Integration

Mit der Stufe 1 wird das Antragsverfahren automatisiert, mit den Stufen 1a und 2 wird die fachliche Prüfung der Ingenieure, etwa beim Nachrechnen von Brücken, unterstützt. Diese Strategie hat im föderalen Umfeld den Vorteil, dass sich sofort Nutzeffekte einstellen. VEMAGS ist schnell in der Fläche präsent, eine Weiterentwicklung erfolgt parallel zum Betrieb der ersten Stufe.

Verfahrensorganisation und Zuständigkeiten in den Bundesländern wurden nicht angetastet, obwohl dies insbesondere die Wirtschaft gefordert hatte. Um eine möglichst hohe Akzeptanz zu erreichen, müssen föderale Projekte dem Win-win-Prinzip folgen. Systeme im Markt sollten nicht verdrängt, sondern angebunden werden. Um den Datenaustausch mit ihnen zu gewährleisten, ist eine XML-basierte Schnittstelle Xvemags spezifiziert und implementiert worden. Pilotanwender und Partner für die Schnittstelle ist das System Heros 5 der Bundeswehr. Über die Schnittstelle lassen sich Antrags- und Bescheiddaten austauschen.

Stakeholdermanagement

Akzeptanzmanagement und Stakeholdermanagement sind zwei wesentliche Komponenten des föderalen Projektmanagements. Die Kommunikation erfordert erhebliche zeitliche Ressourcen.

Stakeholder sind Interessenhalter jeglicher Art,
von denen es bei VEMAGS sehr viele gibt:

- 16 Bundesländer
- Bund
- Kommunen
- Gemeinsame Konferenz der Verkehrs- und Straßenbauabteilungsleiter der Länder
- Speditionsgewerbe
- Deutschland-Online
- Dienstbesprechung „IT-Koordinierung im Straßenwesen"
- Deutscher Städtetag

- Deutscher Landkreistag
- Wasser- und Schifffahrtsverwaltung
- Bundeswehr
- Deutsche-Bahn AG und ihre Mitbewerber
- Softwarehersteller
- Personalvertretungen
- Datenschützer
- Forschungseinrichtungen
- EU-Nachbarstaaten

Stakeholder und spätere Anwender generieren eine Vielzahl von Change Requests (Änderungsanfragen). Für die Aufnahme, Dokumentation, Entscheidung und Finanzierung solcher Änderungswünsche wurde beim Projektmanagement ein transparenter Prozess aufgesetzt. Nur so sind ständige Störungen und Terminverzögerungen zu vermeiden.

Aktives Akzeptanzmanagement

Für Verwaltungen ist es ungewohnt, ein Verfahren zu bewerben. Bei den bundesweit verteilt agierenden Anwendern war dies jedoch überaus wichtig und eine Voraussetzung für den Erfolg.

Im Rahmen des aktiven Akzeptanzmanagements wurden folgende Maßnahmen durchgeführt:

- Erstellung eines Internetauftrittes: **www.vemags.de.** VEMAGS wurde als erstes Verfahren in den neuen Deutschland-Online-Auftritt integriert.

- Verteilung von Präsentationsmaterial

- Veröffentlichungen

- 12 Messeauftritte

- 30 zielgruppenorientierte Veranstaltungen in den Bundesländern (Behörden, Spediteure)

- bundesweite Einführungsveranstaltung

- Beteiligung an Wettbewerben

Damit der Wiedererkennungseffekt bei den verschiedenen Maßnahmen des Akzeptanzmanagements eintritt, sollten föderale Verfahren frühzeitig über ein eigenes Logo verfügen. VEMAGS hat auch hier Maßstäbe gesetzt.

2004 wurde das Projekt mit dem E-Government-Preis für Bund, Länder und Gemeinden ausgezeichnet, 2007 erhielt es den ARTUS-Preis für Entbürokratisierung. Spätestens damit fand VEMAGS bundesweit Beachtung.

Vergabemanagement

Die EU-weiten Vergabeverfahren erfordern einen enormen Aufwand bei Wirtschaft und Verwaltung. Die Vergabe zur Realisierung der VEMAGS-Software erfolgte im September 2006. Im April 2007 wurde der Zuschlag für den Betrieb erteilt.

Im Nachhinein erwies es sich als richtig, hier das neue Vergabeverfahren des wettbewerblichen Dialogs anzuwenden. Mit dem Know-how der Profis aus der Wirtschaft konnten die Leistungsbeschreibung wesentlich realistischer aufgestellt und Preistreiber eliminiert werden. Die Firmen konnten gezielt Nachfragen stellen oder Alternativen ins Spiel bringen.

Sicherheitsmanagement und Datenschutz

Das Thema Sicherheit hat in Deutschland einen besonders hohen Stellenwert. Die Sicherheitskonzeption von VEMAGS wurde auf Basis des IT-Grundschutzes (BSI Standard 100-2) und weiterer Standards der Bundesrepublik Deutschland als generisches Sicherheitskonzept erstellt. Sie erfolgte nach folgenden Prozessschritten:

- Strukturanalyse – der Software- und Hardwarearchitektur.

- Schutzbedarfsdefinition – Festlegen der notwendigen Angaben für die Kategorien „normal", „hoch" und „sehr hoch" in den Bereichen Verfügbarkeit, Vertraulichkeit und Integrität.

- Schutzbedarfsfeststellung – Festlegen der Schutzbedarfe für die VEMAGS-Komponenten auf Basis der definierten Kategorien.

- Modellierung – Festlegen der notwendigen Grundschutzmaßnahmen als Mindestsicherheitslevel für die Entwicklung und den Betrieb.

Obwohl bei VEMAGS keine hohen Anforderungen an den Datenschutz bestehen, nimmt das Thema einen breiten Raum ein. Das Verfahren fällt in die Zuständigkeit der 16 Länder, deshalb sind deren Datenschutzgesetze zu beachten.

Einführung

In jedem Bundesland wurde ein VEMAGS-Landesbeauftragter eingesetzt. Sie sind die zentralen Ansprechpartner bei allen Fragen oder bei System- störungen. Zusätzlich waren sie auch für die Systemtests verantwortlich. Die Gestaltung dieser Phase war mitentscheidend für den Projekterfolg. Für die Einführung wurde ein dreistufiges Verfahren gewählt:

1. Start der Produktion in drei Bundesländern im selektiven Betrieb mit ausgewählten Anwendern

2. Start der Produktion in den Bundesländern, in denen das Verfahren zentral organisiert ist

3. Einführung in allen anderen Bundesländern

Ziel ist es, innerhalb eines Jahres etwa 80 % der Anträge mit VEMAGS abzuwickeln.

Networking

Positiv ausgewirkt auf den Projekterfolg hat sich bei VEMAGS ein gut funk- tionierendes Netzwerk aus Politik, Wirtschaft und Verwaltung. Dieses Net- working muss aktiv betrieben werden, um eine partnerschaftliche Zusam- menarbeit zu bewirken. Partnerschaftlich heißt dabei auch, dass man Krisenzeiten gemeinsam überstehen muss.

Rahmenbedingungen

Ein wesentlicher Faktor dafür, dass VEMAGS als erstes DOL-Verfahren bun- desweit eingeführt werden konnte, waren die guten hessischen Rahmen- bedingungen. Unterstützt wurde das Projekt vom Hessischen Ministerium für Wirtschaft, Verkehr und Landesentwicklung sowie von der Abteilung E-Government im Hessischen Innenministerium. So wurde 2007 / 2008 auf dem hessischen CeBIT-Stand das Verfahren präsentiert – ein wesentlicher Meilenstein im Projektverlauf.

Fazit und Ausblick

Die richtigen Methoden, das richtige Handwerkszeug sowie der Faktor Mensch sind wesentlich für die erfolgreiche Umsetzung von E-Government-Projekten im föderalen Umfeld. Gute Rahmenbedingungen sind wichtig, damit dem föderalen Projektmanagement der gebührende Stellenwert eingeräumt wird. Denn gutes Projektmanagement ist lautlos, man sieht es nicht. VEMAGS kann für föderale E-Government-Vorhaben einen Modellcharakter haben. Aus der Projektauswertung sind Regeln für föderales Projektmanagement abzuleiten.

VEMAGS kann um weitere Anwendungen, z. B. Sonntagsfahrgenehmigungen, ergänzt und zum Verkehrsportal entwickelt werden. Viele Transporte sind grenzüberschreitend. Deshalb sollte der europaweite Austausch der Antrags- und Bescheiddaten möglich sein, indem Xvemags zum EU-Standard wird.

VEMAGS hat auch Modellcharakter für die Einführung der EU-Dienstleistungsrichtlinie: Ein zentraler Ansprechpartner ist bei einer Vielzahl von Beteiligten unter Nutzung eines E-Government-Verfahrens für Antragsbearbeitung und –genehmigung zuständig.

D Kooperationen in der IT der Polizei

Von Inpol-Land / POLAS über die Analyse- und Ermittlungssoftware CRIME bis zur Vorgangsbearbeitungssoftware ComVor

Kooperationen sind der richtige Weg

Hessen, die Freie und Hansestadt Hamburg, Baden-Württemberg und Brandenburg arbeiten auf der Basis von Verwaltungsabkommen in vielen Punkten eng zusammen. So konnte eine breite Länderzweckgemeinschaft aufgebaut werden, die ein gemeinsam gesteuertes und finanziertes Entwicklungs- und Testzentrum betreibt. Dem gehören derzeit insgesamt elf Bundesländer sowie die Bundespolizei, das Bundeskriminalamt und das Zollkriminalamt an.

Solche Kooperationen sind der zeitgemäße Weg, um trotz finanzieller, technischer und fachlicher Ressourcenknappheit der steigenden Komplexität und wachsenden fachlichen Anforderungen Herr zu werden. Die enge Zusammenarbeit ermöglicht es auch, die immer kürzer werdenden Entwicklungszyklen konstruktiv zu nutzen.

Der Erfolg solcher Kooperationen bestätigt sich mittlerweile umfassend:

- Das Analyse- und Ermittlungswerkzeug CRIME wird von fünf Teilnehmern aus Bund und Ländern weiterentwickelt und genutzt.

- Fünf Bundesländer setzen den gemeinsam entwickelten Digitalen Erkennungsdienst (EDDI) ein.

- Vier Länder kooperieren bei der Zugriffstechnologie auf die Einwohnermeldedaten (EWO).

- Das polizeiliche Vorgangsbearbeitungssystem ComVor befindet sich in vier Ländern im Einsatz.

- In zahlreichen weiteren Themen ist Kooperation bei der Polizei praktizierter Alltag: Das reicht von der Fuhrparkverwaltung (ADCO) bis zum mobilen Auskunftsdienst (mpol), vom Abfragemanager für Sicherheitsüberprüfungen bis zur Verkehrsunfallanalyse.

Die Erfolgsfaktoren für Kooperationen

Gegründet auf die umfangreichen und langjährigen Erfahrungen polizeilichen Kooperationen bei der Informationstechnik kristallisieren sich vier Erfolgsfaktoren heraus:

Auf der strategischen Ebene trägt das Prinzip „Einer geht voran" wesentlich zum Erfolg bei. Zwar liegen die Initialkosten zunächst bei einem Partner, der für eine Innovation als treibende Kraft auftritt. Doch danach greifen die finanziellen Effekte einer Mehrfachnutzung bei den Partnern.

Voraussetzung für dieses Erfolgsmodell sind eine hohe Verlässlichkeit und Belastbarkeit von Nutzungszusagen, die wiederum von der politischen Unterstützung für die Kooperation und einer gewissen „Management-Attention" abhängig sind. Selbstverständlich müssen politische und fachliche Schwerpunktsetzungen der Kooperationspartner beachtet werden. Wenn Eigeninteresse dominiert, kann sich keine Kooperation entfalten.

Auf der organisatorischen und finanziellen Ebene wird der Erfolg einer Kooperation davon geprägt, dass

- zeitliche Planungen und Prioritäten abgestimmt werden,

- ein klar definiertes gemeinsames Budget vorhanden ist,

- Regeln und Abläufe festgelegt sind und gelebt werden
  (Projekt- und Änderungsmanagement, Anforderungs-
  und Fehlermanagement),

- Entscheidungsstrukturen vorhanden sind.

Auf der technologischen Seite ist für den Erfolg wichtig, Software parametrisiert zu entwickeln. Nur dann ist sie integrierbar und an den Schnittstellen anpassbar, ohne den gemeinsamen Kern zu gefährden, der nachhaltige und wirtschaftliche Softwarepflege ermöglicht. Weiterhin müssen bereits in den Entwicklungen landesspezifische Anforderungen und Schnittstellen verbindlich eingebracht werden.

2.6 Prozessoptimierung

Die Optimierung verwaltungstechnischer Abläufe und der sinnvolle Einsatz betrieblicher Ressourcen sind aus zwei Gründen wichtig. Zum einen wird dadurch gespart, zum anderen werden die Herausforderungen des demografischen Wandels gemeistert. Eine Möglichkeit für die notwendige Optimierung ist die Bündelung gleichartiger Prozesse aus verschiedenen Bereichen durch Shared Services.

A **E-NORM-HESSEN**

Zu den zentralen Geschäftsprozessen der Landesregierung gehören die Erstellung von Gesetzentwürfen und der Erlass von Verordnungen auf Landesebene sowie die Mitwirkung im Bundesrat bei der Gesetzgebung des Bundes und in Angelegenheiten der Europäischen Union. Ziel von E-NORM-HESSEN ist die vollständige elektronische Dokumentation und Vorgangsbearbeitung bei diesen Vorgängen.

B **E-Vergabe und E-Procurement**

Bürger und Unternehmen haben ein Recht darauf, dass Verwaltungen wirtschaftlich und sparsam arbeiten. Daneben hat die Wirtschaft ein berechtigtes Interesse daran, dass öffentliche Aufträge in einem fairen, transparenten Wettbewerb vergeben werden und der Zugang zu derartigen Aufträgen erleichtert wird. Hessen trägt diesen Anforderungen durch effizienten, elektronisch gestützten Einkauf Rechnung.

C **Anforderungsmanagement Neue Verwaltungssteuerung**

Eine leistungsfähige, effizient arbeitende Verwaltung wird zunehmend als wichtiger Standortfaktor angesehen. Flexible, kostengünstige und bürgerfreundliche Verwaltungen fördern Investitionen, sichern Arbeitsplätze und tragen zu einer höheren Lebensqualität der Bürger bei. Mit der NVS hat sich die Landesverwaltung auf diese Anforderungen eingestellt.

A   E-NORM-HESSEN

Optimierung eines zentralen Geschäftsprozesses der Landesregierung durch die erste Ausbaustufe E-Bundesrat

Zu den zentralen Geschäftsprozessen der hessischen Landesregierung gehören die Erstellung von Gesetzentwürfen und der Erlass von Verordnungen auf Landesebene sowie die Mitwirkung im Bundesrat bei der Gesetzgebung des Bundes und in Angelegenheiten der Europäischen Union. Ziel des Projektes E-NORM-HESSEN ist die vollständige elektronische Dokumentation und Vorgangsbearbeitung bei diesen Vorgängen. Basis ist eine elektronische Akte, die einheitlich und zentral allen Ressorts und der Staatskanzlei zur Verfügung steht. Dabei sind höchste Anforderungen an die Sicherheit und die Verfügbarkeit des aktenführenden Systems gestellt.

Erster erfolgreicher Ansatz: E-Gesetz

Die Idee, Normsetzungstätigkeiten ressortübergreifend elektronisch zu dokumentieren, ist in Hessen nicht grundsätzlich neu. Bereits seit Oktober 2005 wird die auf dem Dokumentenmanagement- und Vorgangsbearbeitungssystem DOMEA basierende Anwendung E-Gesetz produktiv eingesetzt.

E-Gesetz dokumentiert unter Einbeziehung des Landtages die Normsetzungstätigkeit auf Landesebene, also den Erlass von Landesgesetzen und Verordnungen in einem elektronischen Workflow. Dabei stehen grundsätzlich alle für die Normentstehung maßgeblichen Dokumente sowie die dazugehörigen Metadaten zur Verfügung. Eine Besonderheit liegt darin, dass Dokumente des Landtages, die das Landtagsinformationssystem (STAR) zur Verfügung stellt, automatisiert in E-Gesetz übernommen werden können. Die Anwendung E-Gesetz soll 2008 in E-NORM-HESSEN integriert und bestehende Altdaten migriert werden.

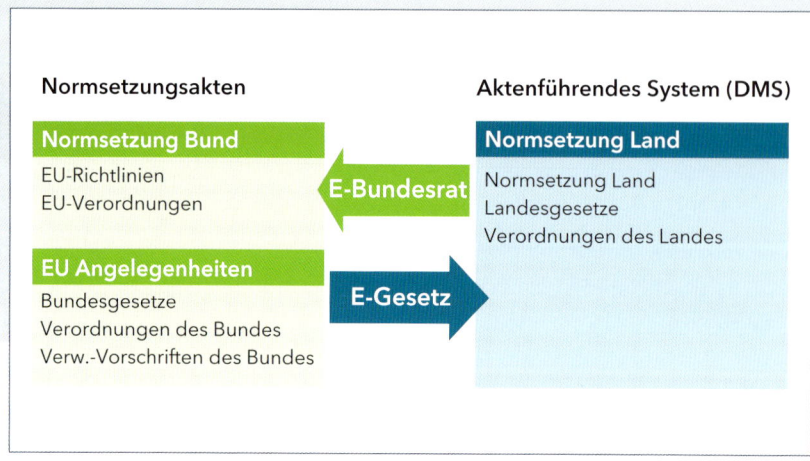

Normsetzungsakten

Normsetzung Bund
EU-Richtlinien
EU-Verordnungen

EU Angelegenheiten
Bundesgesetze
Verordnungen des Bundes
Verw.-Vorschriften des Bundes

E-Bundesrat

E-Gesetz

Aktenführendes System (DMS)

Normsetzung Land
Normsetzung Land
Landesgesetze
Verordnungen des Landes

Inhalt der ressortübergreifenden E-NORM-Akte

E-Bundesrat

Im Unterschied zum landesintern genutzten E-Gesetz ist schon die erste Ausbaustufe von E-NORM-HESSEN – E-Bundesrat – wesentlich weitreichender.
Es geht um die elektronische Abbildung der Mitwirkung Hessens an der
Normsetzung auch auf Bundesebene und in Angelegenheiten der Europäischen Union.

E-Bundesrat soll auf Basis des landeseinheitlichen DMS eine ressortübergreifende elektronische Aktenführung und Vorgangsbearbeitung in allen
Bundesratsangelegenheiten ermöglichen. Das bedeutet eine konsequente
Weiterentwicklung von E-Gesetz. Wie bereits hier existiert auch bei E-Bundesrat im DMS nur jeweils eine einzige Akte bzw. ein einziger Vorgang mit
zugehörigen Dokumenten und Metadaten.

Eine weitere Parallele besteht bei E-Bundesrat darin, dass elektronische
Unterlagen aus externen Systemen automatisiert übernommen werden
sollen. Das bezieht sich zum einen auf den Dokumenten-Webserver des
Bundesrates und zum anderen auf das vom Bundestag administrierte Doku-
mentations- und Informationssystem für parlamentarische Vorgänge (DIP).
Eingespeist werden die Dokumente und Metadaten aus externen Informa-
tionssystemen in das DMS des Landes über den Importservice der Hessischen Zentrale für Datenverarbeitung. Diese zentrale Kommunikationsplattform basiert auf dem Microsoft BizTalk Server.

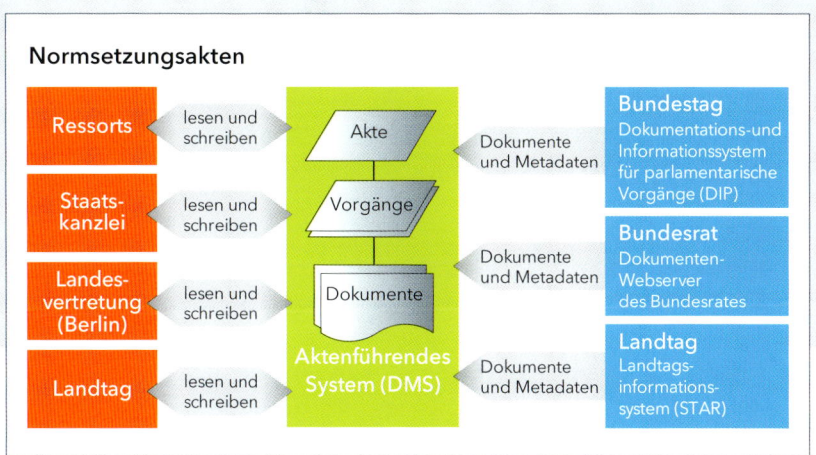

Normsetzungsakten

Ressorts — lesen und schreiben → Akte

Staats-kanzlei — lesen und schreiben → Vorgänge

Landes-vertretung (Berlin) — lesen und schreiben → Dokumente

Landtag — lesen und schreiben → Aktenführendes System (DMS)

Dokumente und Metadaten ← **Bundestag** Dokumentations- und Informationssystem für parlamentarische Vorgänge (DIP)

Dokumente und Metadaten ← **Bundesrat** Dokumenten-Webserver des Bundesrates

Dokumente und Metadaten ← **Landtag** Landtags-informations-system (STAR)

Zugriffsmöglichkeiten und Dokumentenimport in E-NORM-HESSEN

Bundesratsarbeit in der Praxis

Bundesratsangelegenheiten sind vielschichtig. Sie erschöpfen sich nicht in der nach dem Grundgesetz vorgesehenen Mitwirkung des Bundesrates an der Gesetzgebung des Bundes. Der Bundesrat wirkt auch in Angelegenheiten der europäischen Union nach den Vorschriften des Gesetzes über die Zusammenarbeit von Bund und Ländern in Angelegenheiten der Europäischen Union (EUZBLG) mit. Außerdem werden Entscheidungen getroffen, die etwa die Besetzung von Gremien, Stellungnahmen, Entschließungen oder Verfahren vor dem Bundesverfassungsgericht betreffen.

Bundesratsarbeit ist von einer engen zeitlichen Abfolge in der Sachbehandlung und den zu treffenden Entscheidungen geprägt. Das ist bei der Dokumentenverwaltung zu berücksichtigen. Eine zeitnahe aktuelle Aktenführung ist deshalb von höchster Priorität. Sie ermöglicht es den Referenten, sich schnell und präzise informieren zu können. Denn die politische Willensbildung setzt voraus, sämtliche vorgebrachten Argumente und Meinungen zu berücksichtigen. Also ist auch die Vollständigkeit der elektronischen Dokumentenführung von entscheidender Bedeutung und unerlässlich.

Der Nutzen von E-Bundesrat

Die positiven Aspekte einer zentral geführten elektronischen Bundesratsakte, deren Aufbau von den im DMS (DOMEA) verfügbaren Objekten (Akten, Vorgänge, Dokumente sowie Postmappen) bestimmt wird, sind erheblich:

Eine zentral zur Verfügung stehende elektronische Akte macht das mehrfache Anlegen, Registrieren, Pflegen und Archivieren in den verschiedenen Ressorts entbehrlich. Dadurch eröffnet sich auch die Möglichkeit, den bisherigen Zustand verschiedenster Ablagesystematiken in den Abteilungen, insbesondere die Bildung der Aktenzeichen, zu vereinheitlichen. Personal- und zeitintensive Vorgänge der papiergestützten Bearbeitung sowie des Transports entfallen bei papierloser Vorgangsbearbeitung. So sind zum einen Sachkosten (insbesondere Papier- und Kopierkosten) in nicht unerheblichen Maß einzusparen, zum anderen aber auch personelle Ressourcen effizienter nutzbar.

Durch die für alle Beteiligten stets und überall einheitlich verfügbaren Dokumente im Zusammenhang mit Bundesratsangelegenheiten können politische Entscheidungen schneller, effizienter und auf der Basis gesicherter und vollständiger Informationen vorbereitet werden. Hierzu trägt vor allem die automatisierte Übernahme elektronischer Dokumente und der zugehörigen Metadaten aus externen Systemen auf Bundesebene in die ressortübergreifende elektronische Akte bei. Dadurch stehen Informationen noch zeitnäher zur Verfügung und können schneller weiterverarbeitet werden. Die im System aufgelisteten Vorgangs- und Bearbeitungsinformationen ermöglichen es den Nutzern zusätzlich, sich sofort über den jeweiligen Bearbeitungsstand zu informieren.

Insgesamt wird E-Bundesrat als ressortübergreifendes elektronisches Anwendungssystem den Informationsaustausch und Entscheidungsprozess beschleunigen, soweit es die Mitwirkung Hessens im Bundesrat bei der Gesetzgebung des Bundes und in Angelegenheiten der Europäischen Union betrifft. Es trägt dazu bei, einen wichtigen und zentralen Geschäftsprozess der Landesregierung zu optimieren.

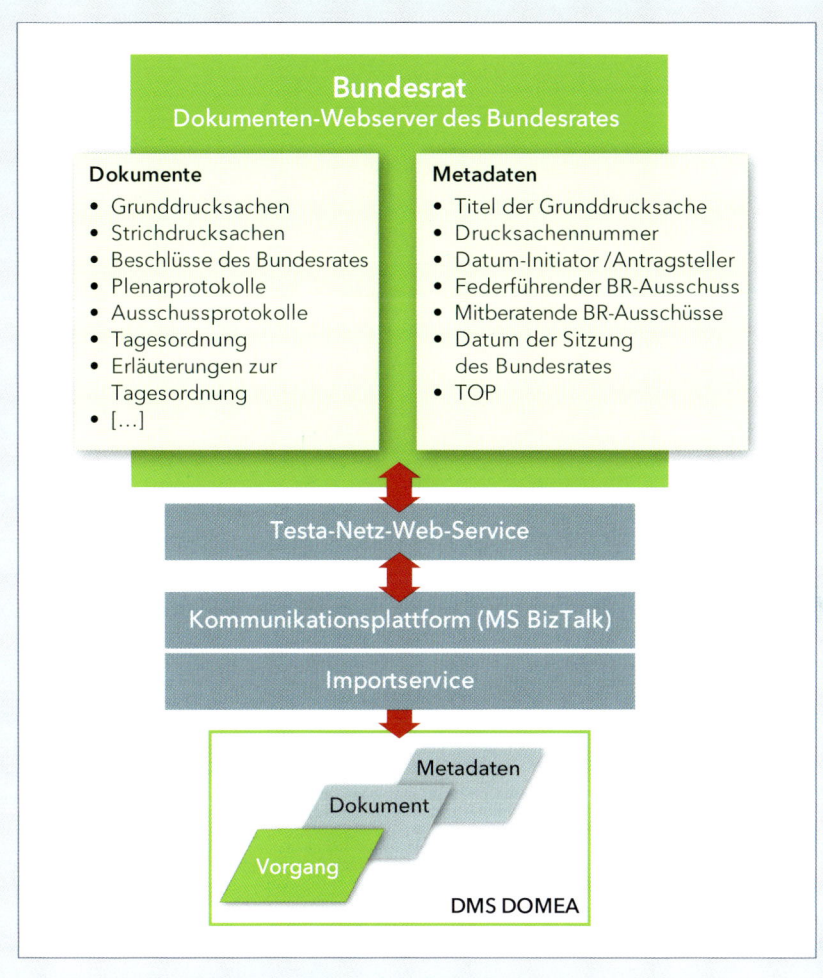

Automatisierte Datenübernahme aus dem Bundesratsserver

Zugriff über MOSS

E-NORM-HESSEN wird sich durch die Besonderheit auszeichnen, nicht auf den Datenzugriff aus DOMEA heraus beschränkt zu sein. Zusätzlich wird eine browsergestützte Kalender- und Recherchesicht auf die im DMS gespeicherten Informationen unter Verwendung von Microsoft Office Sharepoint Server (MOSS) bereitgestellt. Das ermöglicht die schnelle und effiziente Information über aktuelle Vorgänge etwa im Vorfeld einer Sitzung. Tagesordnungspunkte und zugehörige Dokumente können nach Auswahl des Sitzungstages aus dem Kalender angezeigt werden.

B E-Vergabe und E-Procurement
Einkauf in Hessen – modern, wirtschaftlich und rechtssicher

Die öffentliche Hand hat einen beträchtlichen Bedarf an Gütern und Dienstleistungen. Das jährliche Auftragsvolumen beträgt knapp 300 Mrd. Euro, also mehr als 10 % des Bruttoinlandproduktes. Hiervon entfallen allein auf die Länder 25 %.

Bürger und Unternehmen haben ein Recht darauf, dass diese Mittel wirtschaftlich und sparsam verwendet werden. Neben solchen rein haushaltsrechtlichen Vorgaben hat die Wirtschaft ein berechtigtes Interesse daran, dass öffentliche Aufträge in einem fairen, transparenten Wettbewerb vergeben werden und zudem der Zugang zu derartigen Aufträgen erleichtert wird.

Hessen trägt diesen Anforderungen seit jeher Rechnung. Allerdings hat das Land auch erkannt, dass effizienter Einkauf ein Schlüsselfaktor für den eigenen Unternehmenserfolg ist. Es hat sich daher zur Aufgabe gemacht, erprobte betriebswirtschaftliche Management- und Steuerungsmethoden in die Verwaltungsführung zu integrieren. Dadurch werden die Verwaltungsleistungen für Bürger und Wirtschaft durch optimierte Ressourceneinsätze und gesenkte Verwaltungskosten verbessert. Unterstützt durch den verstärkten Einsatz modernster Informationstechnik lassen sich gleichzeitig die Abläufe in der öffentlichen Verwaltung ganz entscheidend beschleunigen.

Unter Einbeziehung der Unterstützungspotenziale, die dank E-Government bereitstehen, wurden bisherige Einkaufsprofile der hessischen Verwaltung kritisch hinterfragt und diese Strategieziele definiert:

- Festlegung klarer Beschaffungsstrukturen und Prozessabläufe

- Hoher Servicegrad; Entlastung der operativen Dienststellen

- Senkung der personellen und sächlichen Verwaltungsausgaben durch Bündelung von Aktivitäten (kein mehrfaches Agieren in gleicher Sache, Preissenkungen durch Großabnahmen)

- Stabilisierung der Vergaberechtskonformität

- Nutzergerechte Bedarfsdeckung

- Transparenter Zugang der Wirtschaft zu öffentlichen Aufträgen

Um die Ziele zu erreichen, mussten vor allem die bisherigen Beschaffungs-strukturen und Prozessabläufe konzeptionell weiterentwickelt werden. Hessen hat im Sinne des Shared Services Konzepts zentrale Einkaufsorgani-sationen bestimmt. Unter dem Blickwinkel eines ausgeprägten Dienstleis-tungsverständnisses arbeiten sie eng mit Ressorts und Fachverwaltungen zusammen. Dadurch werden diese von vergabespezifischen und adminis-trativen Aufgaben entlastet.

Die organisatorische Änderung erfolgte auf der Basis einer umfassenden IT-Unterstützung im SAP ERP-System des Landes oder in vorgelagerten Anwendungen. Erst die Verzahnung dieser Komponenten bringt einen wirk-lichen Erfolg. Eine organisatorische Optimierung ohne passende System-unterstützung verschenkt die in technischen Innovationen liegenden Chancen. Umgekehrt kann sich jedoch eine rein technische Einführung neuer Systeme ohne begleitende organisatorische Anpassung auch nicht amorti-sieren.

Zwei Säulen tragen das moderne Beschaffungswesen in Hessen:

- eine Organisations- und Prozessoptimierung sowie
  die hierzu passende Einführung einer durchgängigen
  IT-Systemunterstützung für den Einkauf (E-Procurement)

- und das vorgelagerte Ausschreibungs- und
  Vergabeverfahren (E-Vergabe).

Organisation

Mittelpunkt der organisatorischen Optimierung ist die Zentralisierung des Einkaufs auf wenige Beschaffungsstellen. Die Bedarfsdeckung der rund 800 Dienststellen des Landes erfolgt durch dezentralen elektronischen Abruf aus einem systemtechnisch hinterlegten (Waren-)Katalog. Dabei sind die einzelnen Prozessschritte weitestgehend automatisiert. Das bedeutet, administrative Tätigkeiten im Beschaffungsvorgang, die nicht unmittelbar mit dem eigentlichen Abruf zusammenhängen (etwa Preisvergleiche, Lieferantenauswahl, Warenverteilung), werden konsequent reduziert und fallen bei den Bedarfsstellen nicht mehr an.

Die verwaltungsorganisatorische Veränderung ist in einem ressortübergreifenden Erlass zum Beschaffungsmanagement von Lieferungen und Leistungen verankert. Er schreibt Kompetenzen und Rahmenbedingungen für alle Beteiligten verbindlich vor. Grundsätzlich zuständig für den Einkauf sämtlicher im Land benötigten Lieferungen und Leistungen (ohne Bauleistungen) ist die Zentrale Beschaffungsstelle der Oberfinanzdirektion Frankfurt im Hessischen Competence Center für Neue Verwaltungssteuerung. Einzig IT-Beschaffungen der Hessischen Zentrale für Datenverarbeitung und der polizeispezifische Bedarf sind wegen der gebotenen besonderen Kompetenz dem Präsidium für Technik, Logistik und Verwaltung übertragen.

Zu den Kernaufgaben der Beschaffungsstellen zählen die Prüfung möglicher Bedarfszusammenfassungen, die Standardisierung und die zentrale Ausschreibung von landesweiten Rahmenverträgen. Die Ressorts oder jeweiligen Fachverwaltungen stehen den Zentralen Beschaffungsstellen mit ihrer Fachkenntnis helfend zur Seite.

Systemunterstützung

E-Vergabe

Wichtiges technisches Unterstützungsmedium bei der Ausschreibung und Vergabe von Liefer-, Dienst- und Bauleistungen ist für die Beschaffungsstellen die E-Vergabe.

Dieses System ermöglicht es, den gesamten Prozess von der Erstellung der Leistungsbeschreibung bis hin zum Zuschlag einschließlich sämtlicher erforderlichen Informationen und Dokumentationen medienbruchfrei unter Einbeziehung der Bieter abzubilden. Dadurch wird dem hohen Bedarf an Ordnungsmäßigkeit und Transparenz, der immer mit der Vergabe von öffentlichen Aufträgen einhergeht, Rechnung getragen.

Über eine spezielle Vergabeplattform bietet Hessen der Wirtschaft ein einheitliches Bekanntmachungsmedium. Alle Aufträge des Landes werden hierüber in den Wettbewerb gegeben. Gleichzeitig werden bietende Firmen durch die kostenlose Überlassung eines „Vergabecockpits" bei ihrer internen Erarbeitung und Abgabe der (elektronischen) Angebote unterstützt. Durch konsequente Nutzung dieser systemtechnischen Möglichkeit profitieren alle Beteiligten; die Prozesse werden sicherer und die Kosten minimiert.

Die Einführung der E-Vergabe bedeutet einen wichtigen Meilenstein im Prozess der Verwaltungsmodernisierung. Sie gibt zudem neue Impulse für den Wettbewerb, was zu positiven Preiseinflüssen führen wird.

Die landeseigene Vergabeplattform steht seit Februar 2006 in einer ersten Realisierungsphase zur Verfügung. Gemeinsam mit dem über ein europaweites Vergabeverfahren gewonnen Vertragspartner – der Firma Administration Intelligence AG, Würzburg – wurde der Workflow im Ausschreibungsverfahren bis zur Möglichkeit des Downloads von der Vergabeplattform durch die bietende Wirtschaft realisiert. Seitdem hat die Zentrale Beschaffung mehr als 600 Vergabeverfahren über diesen Weg veröffentlicht.

Die zur Realisierung der Phase 2 notwendigen Arbeiten sind abgeschlossen. Sie umfasst den Workflow von der elektronischen Angebotsabgabe bis zur Zuschlagserteilung über die Vergabeplattform. Seit dem Frühjahr 2008 steht die E-Vergabe mit allen Funktionalitäten zur Verfügung.

Daneben wird im Laufe des Jahres 2008 auch der hessische Hochbau die Entwicklung eines Prototyps E-Vergabe-Bau abgeschlossen haben. Er wird dann in der hessischen Straßen- und Verkehrsverwaltung eingesetzt.

Für 2009 ist die Endausbaustufe vorgesehen. Dann werden alle Vergabestellen mit voller Funktionalität und allen Ausschreibungen auf der hessischen Vergabeplattform **www.vergabe.hessen.de** für die bietende Wirtschaft präsent sein. Damit ist das Land gut aufgestellt, um das 2005 im Aktionsplan der EU-Mitgliedstaaten in Manchester gesetzte Ziel, bis zum Jahre 2010 die E-Vergabe für alle öffentlichen Auftragsvergaben bereitzustellen, zu erreichen.

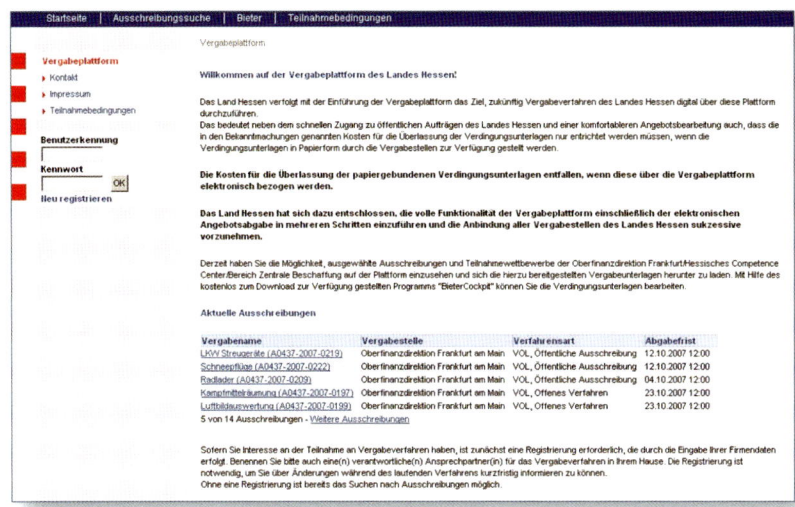

Blick auf die Vergabeplattform

E-Procurement

Schwerpunkt bei der Einführung eines durchgängigen E-Procurement-Systems ist die Optimierung der operativen Beschaffungsprozesse. Ziel ist es, die Prozessqualität zu erhöhen, Durchlaufzeiten zu verringern sowie die Kosten zu reduzieren.

Dieser neue Steuerungsprozess für eine ergebnisorientierte Verwaltung fußt auf der Umstellung des öffentlichen Rechnungswesens von der bisherigen kameralen Haushaltsführung auf das kaufmännische System der doppelten Buchführung – verbunden mit durchgängiger Kosten- und Leistungsrechnung und Controlling. Die Umstellung ging einher mit der Vereinheitlichung der betriebswirtschaftlichen Prozesse im landesweit standardisierten Landesreferenzmodell (LRM) unter Nutzung der SAP ERP-Software.

Auf dieser betriebswirtschaftlichen Basis wurden mit der flächendeckenden Einführung des E-Procurements auch die Beschaffungsprozesse verein-heitlicht, optimiert und mit einer durchgängigen Systemunterstützung weitgehend automatisiert. Hessen hat damit die Prozesskosten durch konsequente Reduktion und umfassende Optimierung der Prozessschritte um mehr als 70% gesenkt. Weiterhin werden Lagerbestände durch „just in time" Anlieferungen heruntergefahren. So lässt sich frühzeitige Kapitalbin-dung auf das notwendige Maß begrenzen. Der Gesamtprozess gestaltet sich durch das einheitliche System deutlich transparenter und bildet eine umfassende Datenbasis für routine- und anlassbezogene Analysen.

Die Bedarfsstellen werden dadurch entlastet, dass sich der Beschaffungsvor-gang für sie auf den eigentlichen Kernprozess „Artikelauswahl, Genehmigung, Bestätigung Wareneingang, Zahlung" reduziert. Papierbasierte Prozesse und vermeidbare administrative Prozesse sind eliminiert (siehe Schaubild).

Beschaffungsprozess in E-Procurement

Zur Sicherstellung des „Vier-Augen-Prinzips" ist ein papierloser Genehmigungsworkflow im System eingerichtet. Um diesen Prozess zu beschleunigen, wird mittels E-Mail der Genehmiger über den bereitstehenden Einkaufswagen informiert. Anschließend wird die Bestellung dem Lieferanten elektronisch zugesandt. Durch die dabei übermittelten Adressdaten kann die Ware ohne weitere Rückfragen bis an den Schreibtisch des Anforderers geliefert werden.

Nach Wareneingang wird – ebenfalls elektronisch – der Erhalt bestätigt. Diese Meldung löst eine Gutschrift für den Lieferanten aus, und die zentrale Buchhaltung im Hessischen Competence Center für Neue Verwaltungssteuerung begleicht die Kosten.

Aus der Summe der Prozessoptimierung sind als bedeutende Vorteile hervorzuheben:

- Die Bedarfsermittlung wird deutlich erleichtert. Benötigte Warenmengen sind schneller zu identifizieren, was den Abschluss von Rahmenverträgen mit entsprechendem Einsparpotenzial ermöglicht.

- Transparenz der Abrufe aus den Rahmenverträgen mit rechtzeitiger Steuerungsmöglichkeit.

- Die Standardisierung der Bedarfe ist durch eine Auswahl-beschränkung auf Artikel aus hinterlegten Katalogen vereinfacht; das Beschaffungsverhalten wird auf diese Weise zweckmäßig gelenkt.

- Sicherstellung einer zutreffenden, autorisierten, rechtzeitigen und nachvollziehbaren Genehmigung.

- Die unmittelbare elektronische Übermittlung der Bestellscheine in das Abwicklungssystem des Lieferanten beschleunigt dessen Warenversand.

- Automatisierte und damit raschere Abrechnung auf Basis des gebuchten Wareneingangs durch Erstellung einer entsprechenden Gutschrift.

Das E-Procurement hält derzeit schon eine Vielzahl von Rahmenverträgen (etwa für Büromaterialien) bereit. Weitere Abmachungen über Beschaffungsgüter sowie Dienstleistungen, die sich zur Standardisierung und Einkaufsbündelung eignen, werden folgen. In der Endausbaustufe soll das gesamte hierfür geeignete Produktportfolio im „Kaufhaus" des Landes Hessen zur Verfügung stehen.

Anforderungsmanagement im Reformprojekt Neue Verwaltungssteuerung

Einleitung

Eine moderne, leistungsfähige, effizient arbeitende Verwaltung wird zunehmend als wichtiger Standortfaktor angesehen. Flexible, kostengünstige und bürgerfreundliche Verwaltungen fördern Investitionen, sichern Arbeitsplätze und tragen zu einer höheren Lebensqualität der Bürger bei. Mit der Neuen Verwaltungssteuerung (NVS) – als einem Teil der Verwaltungsreform – stellt sich die Landesverwaltung auf diese Anforderungen ein.

Die Einführung des kaufmännischen Rechnungswesens, der Kosten- und Leistungsrechnung und eines ergebnisorientierten Controllings sind verschiedene Schritte in diese Richtung. Ein modernes, einheitliches System zum Personalmanagement und zur Personalkostensteuerung trägt dazu bei, Prozesse zu optimieren und die Personalentwicklung zu verbessern.

Als zentraler Dienstleister für die gesamte Landesverwaltung wurde das Hessische Competence Center für Neue Verwaltungssteuerung (HCC) gegründet. Seine Aufgabe ist es, kontinuierlich neue Anforderungen effektiv und serviceorientiert zu bewältigen. Kernpunkte sind dabei das Angebot von Shared Services aus den Bereichen Beschaffung, Finanz- und Rechnungswesen sowie der Betrieb, die Weiterentwicklung und Schulung der SAP-Systeme der Landesverwaltung.

Durch die Zentralisierung und Bündelung dieser Aufgaben lassen sich Synergie- und Einspareffekte bei der Implementierung der Neuen Verwaltungssteuerung und im Betrieb des SAP-Systems realisieren. Im HCC werden sowohl betriebswirtschaftliches Know-how als auch technisches SAP-Know-how mit dem Wissen um verwaltungsinterne Abläufe und Besonderheiten der landesinternen Anforderungen verknüpft, weiterentwickelt und vermittelt.

Rahmenbedingungen für das Anforderungsmanagement im HCC

Das HCC übernimmt zahlreiche Aufgaben zur Unterstützung und Entlastung der Ressorts. Dabei sind die strategischen Vorgaben durch das Hessische Ministerium der Finanzen (HMdF) für alle das Rechnungswesen betreffenden Themen und dem Hessischen Ministerium des Innern und für Sport (HMdIS) für Themen, die das Personalwesen betreffen, zu beachten. Die Arbeitsvielfalt erfordert einen durchgängigen Prozess. Er muss von der Erhebung der Anforderung, der Analyse und Bewertung, der Anpassung und / oder Erweiterung betriebswirtschaftlicher, personalwirtschaftlicher und informationstechnologischer Sollkonzepte über die Gestaltung der Lösung bis hin zu ihrer Bereitstellung und Wartung wirksam sein.

Die Umsetzung erfolgt beim Anforderungsmanagement. Das ermöglicht eine transparente und revisionssichere Abbildung eines standardisierten Prozesses ebenso wie die flexible Einbindung zahlreicher Prozessbeteiligter. Abgedeckt werden dabei die Anforderungen an über 100 zu betreuende SAP-Systeme sowie einer komplexen Anwenderstruktur. Letztere umfasst über 13.000 Nutzer in etwa 800 Dienststellen, mehr als 80 Buchungskreise in 9 Ressorts mit über 190.000 Abrechnungsfällen. Der Landeseinheitlichkeit der SAP-Anwendungen wird damit gleichermaßen Rechnung getragen wie dem Bedürfnis der Ressorts nach ihren Anforderungen entsprechenden SAP-Systeme.

Das Anforderungsmanagement für NVS in der hessischen Landesverwaltung

Das Anforderungsmanagement ist eine zentrale Managementaufgabe für die Entwicklung komplexer Systeme. Seit einigen Jahren gewinnt sie auch in der Softwareentwicklung /-einführung zunehmend an Bedeutung. Dabei werden die Wünsche der Kunden und ihre Umsetzung formalisiert und idealerweise werkzeuggestützt aufgezeichnet und verfolgt.

Ziel ist es, in Projekten die Kundenanforderungen an das Produkt und dessen Komponenten zu managen. Dabei geht es auch darum, Inkonsistenzen sowohl zwischen den Anforderungen untereinander als auch zwischen den Produktanforderungen, den Projektplänen und den Arbeitsprodukten zu identifizieren und aufzulösen. Daneben steht die Anforderungsanalyse im Vordergrund. Sie hat eine detaillierte Prüfung und Klassifizierung der Anforderung zum Ziel. Jede Anwendungsveränderung und -entwicklung erfordert die Ermittlung und Verwaltung von Anforderungen sowie deren geordnete Umsetzung und Überführung in die produktive Nutzung.

Eine genaue Vorstellung dafür zu entwickeln, was der spätere Anwender tatsächlich benötigt und von der Lösung erwartet, macht hier den Erfolg aus.

Dabei gilt grundsätzlich: Je früher Anforderungen korrekt festgehalten werden, desto kostengünstiger, schneller und effektiver kann eine passende Lösung entwickelt werden. Mit der Prozessbeschreibung des Anforderungsmanagements wird die wesentliche Grundlage für eine strukturierte und zielgerichtete Weiterentwicklung im Rahmen der NVS geschaffen. Der Anwendungsbereich ist generisch definiert und somit auf jede Anforderung anwendbar – egal, ob sie betriebswirtschaftlich, personalwirtschaftlich oder informationstechnologisch bedingt ist. Wichtig dabei ist eine ganzheitliche Betrachtungsweise.

Die primären Aktivitäten sind darauf ausgerichtet, die oben aufgeführten Kriterien zu erfüllen. Dafür werden alle Anforderungen an eine geplante Anwendung festgehalten, analysiert, bewertet und spezifiziert. Daran schließt sich eine Beurteilung, Bewertung und Entscheidung über die Realisierung unter Berücksichtigung von übergeordneten Vorgaben, möglichen Auswirkungen und dem erforderlichen Budget an. Abschließend erfolgt die koordinierte und zielgerichtete Umsetzung.

Einordnung des Anforderungsmanagements in die Gesamtheit der Managementprozesse

Die Gesamtheit der HCC SAP-Managementprozesse bildet ein Modell aus Elementen, die inhaltlich geschlossen sind und in starker Wechselwirkung zueinander stehen. Der Ausbau des Modells soll in drei definierten Entwicklungsstufen erfolgen. Dabei stellt die Entwicklungsstufe des Anforderungsmanagements die zentrale Aufgabe dar.

■ Die Stufe 1

zur Einführung des Anforderungsmanagements definiert den Prozess bis zur Projektierung bzw. Entscheidung über die Umsetzung. Dabei werden die bereits langjährig bewährten Prozesse des bestehenden Änderungsmanagements integriert.

■ Die Stufe 2

zur Neuausrichtung der Managementprozesse beinhaltet die Anpassung bestehender Prozesse und Standards des NVS-Projektmanagements sowie die Integration des Anforderungsmanagements. Weiter werden die vorhandenen Prozesse und Standards des Test- und Qualitätsmanagements im Bereich der SAP-Anwendung inklusive der Abnahmeprozesse und die Integration zu Projektmanagement und Projektentwicklungsphasen angepasst sowie die Integration in die bestehende Prozesse des operativen Betriebs durchgeführt.

■ Die Stufe 3

zur Einführung eines Releasemanagements definiert unter anderem Prozesse und Standards zur Einführung einer Versionierung im Rahmen eines Releasemanagements und seine Integration in die bestehenden Prozesse des operativen Betriebs.

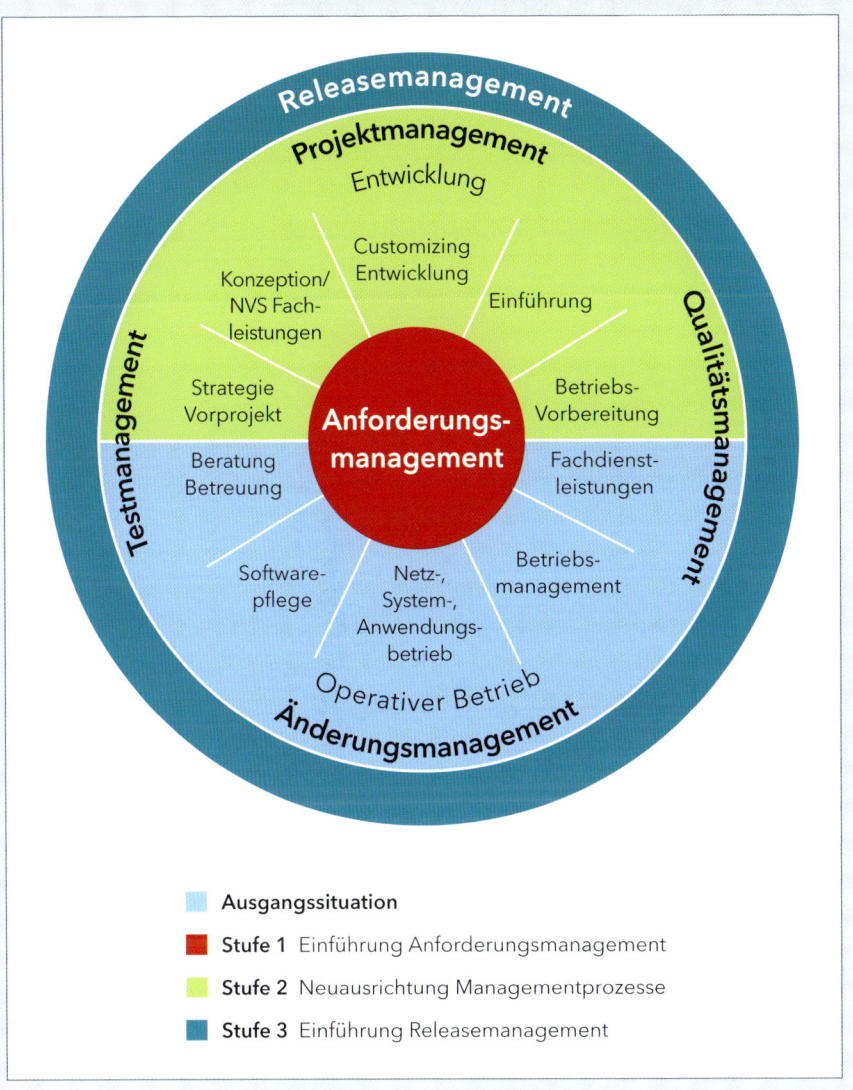

- Ausgangssituation
- **Stufe 1** Einführung Anforderungsmanagement
- **Stufe 2** Neuausrichtung Managementprozesse
- **Stufe 3** Einführung Releasemanagement

Modell der Gesamtheit der HCC SAP-Managementprozesse

Der Anforderungsmanagement-Prozess im Überblick

Die Formulare bei der Antragstellung sind so gehalten, dass sie den Anforderer anleiten und unterstützen, eine möglichst vollständige, ausreichend detaillierte und aussagefähige Beschreibung zu erstellen. Strategische Anforderungen der weisungsgebenden Ressorts HMdF für das Rechnungswesen und HMdIS für das Personalwesen werden dabei mit einer besonderen Priorität versehen, um der Steuerung der Landesreferenzmodelle Rechnung zu tragen.

Die Abbildung des gesamten Prozesses und der damit erzeugten und verwalteten Anträge erfolgt mittels der Software ARS Remedy. Dieses Tool gewährleistet die umfassende Dokumentation der einzelnen Aktivitäten. Es dokumentiert zu jedem Zeitpunkt den jeweiligen Bearbeitungsstand. Dank Remedy wird daneben auch die effiziente Bearbeitung durch parallele Stellungnahme- und Umsetzungsaktivitäten aller beteiligten Fachbereiche sichergestellt und damit über den gesamten Lebenszyklus einer Anforderung fortgeschrieben und kontrolliert.

Die initiale Antragsbearbeitung sieht eine formale Prüfung, Vorklassifizierung und Vorqualifizierung der Anforderungen vor. Sie leitet damit jeweils spezielle Teilprozessschritte ein.

Dabei werden die fachlichen Anforderungen dahingehend untersucht, ob die vorliegende Beschreibung ausreicht. Je nach Umfang und Komplexität wird eine notwendige weitere Spezifizierung in Form eines Workshops bzw. im Rahmen eines Vorprojekts erreicht. Vorgehen und Detaillierungsstufe ergeben sich dabei aus den potenziell in Frage kommenden Lösungsalternativen.

Zentraler Punkt im Anforderungsmanagement ist die Analyse und Bewertung der Anforderungen. Diese Arbeit leisten die jeweiligen Fachbereiche im HCC. Kernelemente sind ein im Rahmen der NVS standardisiertes Vorgehen sowie ein verbindlicher Katalog an sachlichen Bewertungskriterien. Diese leiten sich aus übergeordneten Vorgaben sowie dem Selbstverständnis, dem Auftrag und den Zielen der NVS ab. Neben der strukturierten Vorgehensweise spielen sachliche und fachliche Kriterien eine wesentliche Rolle. Sie liefern einen objektiven Bewertungskatalog, der den konkreten Bezug zur Organisation des Landes Hessen gewährleistet.

Die ganzheitliche Betrachtungsweise im Rahmen der Anforderungsanalyse wird durch das „Hexagon des Wandels" repräsentiert. Das liefert mit der Aufgliederung in die sechs Domänen Geschäftsprozesse, Organisation, Standorte, Anwendungen, Technologie und Daten einen strukturierten Rahmen und wird der Tatsache gerecht, dass eine Anforderung stets im interdisziplinären Zusammenhang zu sehen ist.

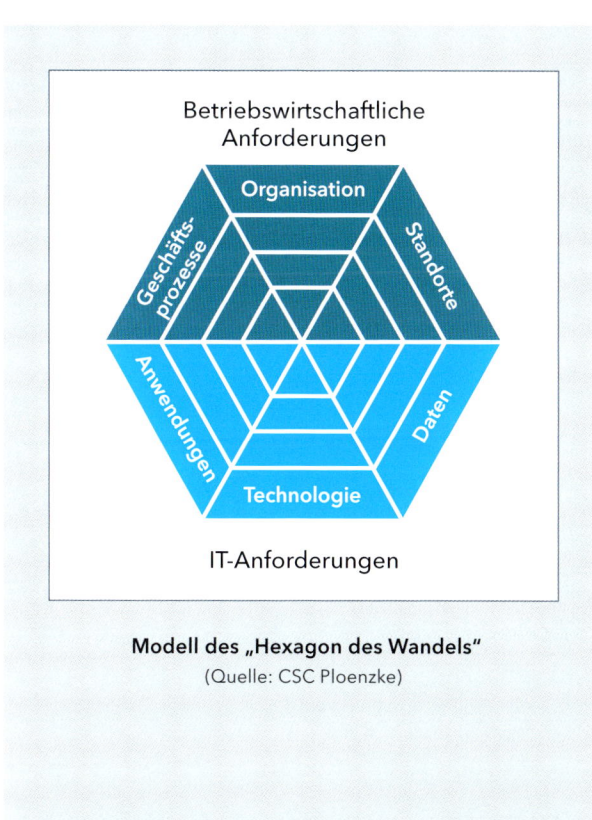

Modell des „Hexagon des Wandels"
(Quelle: CSC Ploenzke)

Kerncharakteristik in der Verwendung des Hexagons für die Anforderungs-analyse ist, dass die sechs Domänen stets im wechselseitigen Zusammen-hang betrachtet werden. Dabei stehen in der Regel die betriebswirtschaft-lichen Anforderungen im Vordergrund. Sie betreffen die Domänen Prozesse, Organisation und Standorte. Daraus werden die Auswirkungen auf infor-mationstechnologische Domänen abgeleitet. Technisch determinierte Anforderungen sind ebenso hinsichtlich der Interdependenzen zu betriebs- und personalwirtschaftlichen Fragestellungen zu analysieren.

Das Hexagon dient sowohl bei der Anforderungsanalyse als auch bei der Konzeption der potenziellen Lösung als Modell für die Interpretation und Beurteilung des notwendigen Wandels. Es liefert eine einfache, gebündelte Ansicht, aus der die Gestalt des künftigen Wandels wirkungsvoll hervorgeht.

Nach Abschluss der Analyse, Bewertung und Vorliegen aller Stellungnahmen in Remedy erfolgt die Konsolidierung der Informationen. Dies mündet in eine Entscheidungsempfehlung des HCC, die alle Aspekte der verschiedenen am Prozess beteiligten Gruppen berücksichtigt. Anschließend wird dem Auf-traggeber – sofern dies nach dem Geschäftsmodell des HCC vorgesehen ist – ein Angebot übermittelt. Das beinhaltet eine grobe Terminplanung sowie eine Aufwands- und Kostenschätzung für die Realisierung.

Nach Annahme des Angebotes wird die Anforderung der jeweils befugten Instanz zur Entscheidung vorgelegt. Ebenso wie für die Beurteilung der fach-lichen Anforderung, der Bewertung der technischen Machbarkeit und der Aufwandsschätzung können der Entscheidung sachliche Analyse- und Bewertungskriterien zugrunde gelegt werden.

Mit der Entscheidung über eine Anforderung wird aus dem Prozess Anfor-derungsmanagement heraus die Umsetzung im Projekt- oder Änderungs-management angestoßen.

Damit ist die Arbeit des Anforderungsmanagements jedoch nicht abge-schlossen. Der Prozess wird im Rahmen der Umsetzungsaktivitäten konti-nuierlich fortgeführt. Hier gilt es insbesondere, den Umfang der ursprüng-lichen Anforderung zu kontrollieren und letztlich in die produktive Nutzung zu überführen. Änderungen (Change Requests) werden dabei auf eine Art und Weise gesteuert, die im Wesentlichen dem Prozess beim Anforde-rungsmanagement entspricht.

Fazit

Das Anforderungsmanagement für NVS in der hessischen Landesverwaltung bildet den integralen Bestandteil der SAP-Managementprozesse und führt zu einem allgemein gültigen, auf alle Anforderungen anwendbaren, standardisierten Ablaufschema. Der Prozess reicht dabei von der Definition einer Anforderung über deren Übermittlung an das HCC, die umfassende Analyse und Bewertung, eine transparente Entscheidung durch befugte Instanzen und mündet in der Umsetzung im Projekt. Alle Anforderungen, die zur Anpassung und/oder Erweiterung der betriebswirtschaftlichen, personalwirtschaftlichen und informationstechnologischen Sollkonzepte führen, laufen damit im HCC an einer Stelle gebündelt zusammen. Sie werden von dort aus koordiniert und alle Prozessschritte aus „einer Hand" begleitet.

Die Beurteilung der fachlichen und auch technischen Anforderung richtet sich nach sachlichen Analyse- und Bewertungskriterien. Dadurch lässt sie sich objektiv nachvollziehen. Für die Bewertung der technischen Machbarkeit wird ein erster grober Lösungsentwurf beschrieben, der auch mögliche technische Auswirkungen analysiert. Auf dieser Basis entsteht jeweils eine Aufwandsschätzung, die alle Phasen der Projektumsetzung umfasst.

Die Aktivitäten des Anforderungsmanagements dienen somit folgenden impliziten Zielen:

- Übereinstimmung mit den Kunden darüber zu erzielen, was die zu entwickelnde Lösung leisten soll

- den Anwendungsexperten im HCC ein Verständnis für die Anforderungen an die Anwendung zu vermitteln

- Grenzen und Umfang der Lösung und der Entwicklungskosten abzustecken

- eine Basis für die Planung der Inhalte von Entwicklungsschritten / Releases zu liefern

- eine Grundlage für Zeit-, Nutzen- und Kostenschätzungen für Konzeption und Entwicklung bereitzustellen

- die geordnete Überführung der fachlichen Anforderungen in die bestehende Lösung zu gewährleisten

- die maximal möglichen Anpassungen von übergreifend genutzten Anwendungen an individuelle Bedürfnisse unter Wahrung von Standards und strategischen Vorgaben zu regeln

- Einigung bei widersprüchlichen Interessenlagen von Anwendergruppen zu erzielen

2.7 Serviceoptimierung

Eine gelungene Prozessoptimierung ermöglicht eine bessere
Betreuung der Kunden und hebt gleichzeitig die Grundlagen für
verwaltungsinterne Abläufe auf ein weit höheres Niveau. Insgesamt
wird dadurch die Serviceorientierung gesteigert. Wichtig ist jedoch,
den Verbesserungsprozess kontinuierlich am Laufen zu halten.

A SAP-CCC

Das Hessische Competence Center für Neue Verwaltungssteuerung
(HCC) verantwortet als zentraler Dienstleister der gesamten Landesverwaltung die Sicherstellung des Betriebes der produktiven SAP-
Systeme, die Betreuung der Anwender sowie der SAP-Anwendungen
und ist für die Weiterentwicklung der produktiven SAP-Systeme verantwortlich. Seit der Zertifizierung durch die SAP AG im Dezember
2006 darf sich das HCC als zertifiziertes SAP Customer Competence
Center (CCC) bezeichnen.

B Serviceoptimierung durch Serviceunterstützung

Auch die besten Pioniere und Akteure des E-Governments brauchen
Unterstützung. Um Bahnbrechendes leisten zu können, benötigen sie
optimale Rahmenbedingungen. Und sie brauchen Orientierungswerte,
um in der täglichen Arbeit die vorgegebenen Aufgaben nie aus
den Augen zu verlieren. Auf den folgenden Seiten wird erläutert,
worin diese besonderen Rahmenbedingungen bestehen und wodurch
die Verantwortlichen – egal, auf welcher Ebene – bei der täglichen,
operativen Arbeit konkret unterstützt werden.

Das hessische SAP Customer Competence Center

Definition eines SAP-CCC am Beispiel des Hessischen Competence Centers für Neue Verwaltungssteuerung

Das Hessische Competence Center für Neue Verwaltungssteuerung (HCC) ist als zentraler Dienstleister der gesamten Landesverwaltung für die Sicherstellung des Betriebes der produktiven SAP-Systeme, die Betreuung der Anwender sowie der SAP-Anwendungen und für die Weiterentwicklung der produktiven SAP-Systeme verantwortlich. Seit der Zertifizierung durch die SAP AG im Dezember 2006 darf sich das HCC als zertifiziertes SAP Customer Competence Center (CCC) bezeichnen.

Mit der Gründung des HCC im Jahr 2001 ging die Landesverwaltung ganz bewusst den konsequenten Weg einer Konsolidierung innerer Dienste. Sie hat mit dem HCC einen internen Dienstleister aufgebaut, der zentrale Leistungen für die neun Ressorts der Landesverwaltung erbringt. Die Einrichtung eines CCC im Rahmen größerer Projekte zur Einführung von SAP-Software ist notwendig, um neben der erfolgreichen Einführung den störungsfreien Betrieb und die adäquate Weiterentwicklung der Software zu gewährleisten. Das Modell für eine solche Service- und Supportorganisation wurde nach den spezifischen Anforderungen der Landesverwaltung für das HCC individuell ausgeprägt.

Die Kernaufgaben des HCC zur SAP-Betreuung umfassen derzeit das Problemmanagement, das Änderungsmanagement als ein Bestandteil des Anforderungsmanagements, das Berechtigungsmanagement sowie die Weiterentwicklung der SAP-Systeme. Im Rahmen der Zertifizierung zum CCC wurden zusätzlich die Funktionen Vertragsadministration und Informationsmanagement übernommen. Die Zertifizierung schließt zeitgleich mit der letzten Produktivsetzung im Bereich SAP Personalwesen die Phase der Einführung im Projekt Neue Verwaltungssteuerung ab und kennzeichnet den vollständigen Übergang zum regulären SAP-Betrieb.

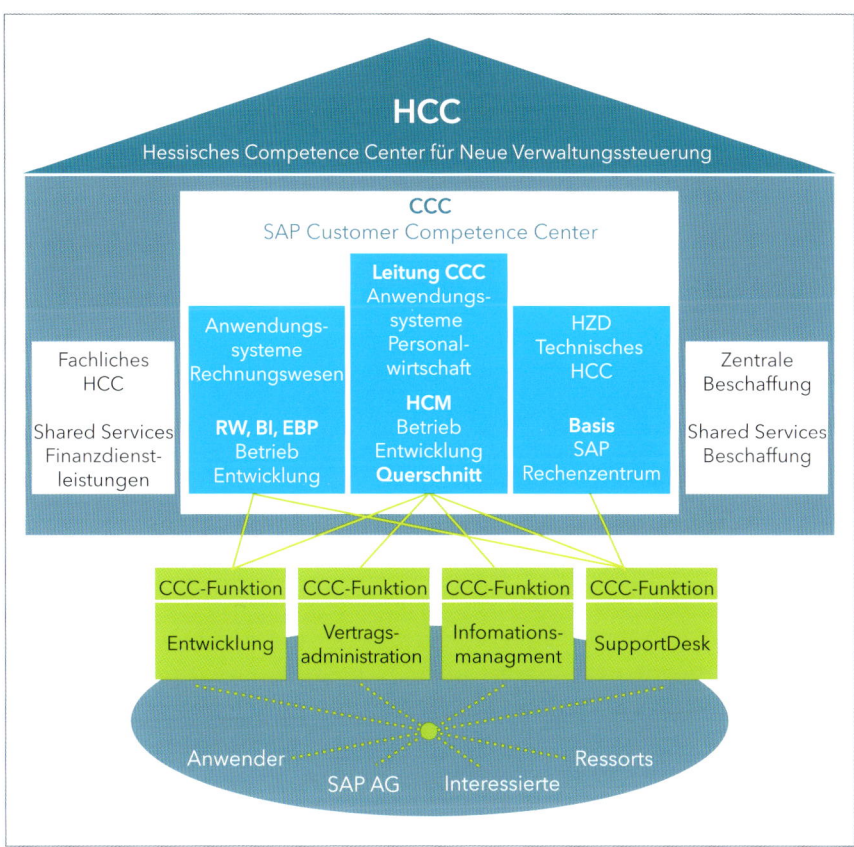

Organisation und Funktionen des Customer Competence Center

Das CCC bildet die Brücke zwischen den Ressorts – seinen Kunden – und der SAP AG mit dem Ziel, einen erstklassigen Lösungssupport zu gewährleisten. In mehr als 800 Dienststellen nutzen über 13.000 Landesbedienstete in verschiedenen Aufgabenfeldern SAP. Nahezu die gesamte Produktpalette vom Rechnungswesen über Logistik und Human Capital Management bis hin zu Business Intelligence und Enterprise Buyer Professionel (EBP, Elektronische Beschaffung) wird flächendeckend auf der Grundlage entsprechender Landesreferenzmodelle (LRM) eingesetzt.

Dies beinhaltet auch die Personalabrechnung für mehr als 190.000 Beschäftigte sowie Versorgungsempfänger. Das CCC betreut insgesamt mehr als 100 SAP-Systeme, die u. a. der Entwicklung, Qualitätssicherung und Schulung dienen. 18 Systeme sind produktiv im Einsatz. Davon nutzen die Kunden in den Ressorts vier Produktivsysteme (LRM Rechnungswesen, LRM Personalwesen, Enterprise Buyer Professional und Business Intelligence).

Die Vorteile, die das CCC den Ressorts bietet, sind vielfältig. Sie basieren auf der gelungenen Verbindung von Geschäftsbetrieb und Informationstechnologie.

Die Bündelung der SAP-Kompetenzen in einer Hand erlaubt den Ressorts, den eigenen Kompetenzaufbau und -vorrat für SAP-Themen zu minimieren und sich ganz auf das eigentliche Kerngeschäft zu konzentrieren. Mit einer Anlaufstelle für alle Fragestellungen profitieren die Ressorts einerseits durch die entsprechend gewonnenen Synergien, andererseits durch einfache und eingespielte Kooperations-, Kommunikations- und Informationswege. Wesentliche Vorteile sind beispielsweise die Minimierung von Lizenzkosten und die Möglichkeit, Entwicklungsprojekte gemeinsam aufzusetzen.

Als Full Service Partner bietet das CCC stabil verfügbare SAP-Software, ausgereifte Anwendungen und professionellen Support an. Die Betreuung reicht vom Support Desk über den Business Support bis hin zur konkreten Produktivunterstützung vor Ort. Mit dem vorhandenen Pool an SAP-Spezialisten im CCC können sowohl externe Beratungsleistung als auch die Abhängigkeit von externen Ressourcen reduziert und damit Kosten minimiert werden.

Darüber hinaus unterstützt das CCC die kontinuierliche Optimierung der Datenqualität in SAP, indem es einen besonderen Fokus auf die Einhaltung landeseinheitlicher Prozesse setzt.

Rahmenbedingungen des SAP-CCC

Die Vielzahl der miteinander vernetzten SAP-Module und -Komponenten, die sehr unterschiedlichen Anforderungen der einzelnen Ressorts und die Besonderheiten des Öffentlichen Dienstes bilden die Rahmenbedingungen, in denen die komplexen SAP-Lösungen für die Landesverwaltung entwickelt wurden.

Aufgrund der besonderen Anforderungen des Öffentlichen Dienstes reicht der SAP-Standard nicht in allen Bereichen aus, um die notwendigen Geschäftsprozesse abzubilden. Dies gilt insbesondere im Bereich der personalwirtschaftlichen Anwendungen und dem Haushaltsmanagement. Daher waren zur Abbildung der Erfordernisse des kameralen Haushaltsrechts, der Versorgung der Beamten und wegen der Besonderheiten einzelner Ressorts zahlreiche Eigen- bzw. Neuentwicklungen notwendig.

Besonders angepasst wurden das Modul Public Sector Management (PSM) für das Haushaltsmanagement im Rechnungswesen und die Personalbeschaffung mit dem Prüfungsmanagement für den Kultusbereich (PB). Neu entwickelt wurde in enger Zusammenarbeit mit der SAP AG der integrierte Einsatz der personalwirtschaftlichen Bausteine Versorgungsadministration und -abrechnung. Damit betreut das HCC nach Einführung der Komponente Versorgung mit circa 60.000 Abrechnungsfällen eine der größten Versorgungsinstallationen in Deutschland.

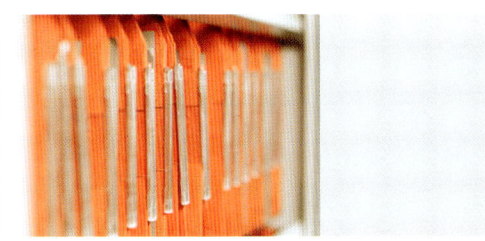

Die SAP Module werden auch über die Landesreferenzmodelle hinaus integrativ eingesetzt. Besonders ausgeprägt ist der Integrationsgrad aufgrund der Kennzahlenschnittstelle und der Überleitung der Abrechnungsdaten zwischen den Produktivsystemen Rechnungswesen (LRM ReWe) und Personalwesen (LRM HR). Auch das Berichtssystem (BI) bedient sich der Daten des LRM ReWe. Das Einkaufs- und Materialmanagementsystem (EBP) ist mit dem E-Government-Portal hessen.de eng verzahnt.

Selbst innerhalb der Module wird das SAP-System auf Grund der bestehenden Aufgabenhierarchie arbeitsteilig bedient. Hervorzuheben ist insbesondere die Zusammenarbeit zwischen dezentraler Personaladministration und zentraler Personalabrechnung. Zur Erfassung und Pflege von Personalstamm- und Personalbewegungsdaten wurden die Prozesse in den Dienststellen vor Ort mit denen der Hessischen Bezügestelle und des HCC verknüpft.

Der Zugang aller Anwender zum System erfordert wegen der hohen Anforderungen an den Datenschutz und den damit verbundenen besonderen Anforderungen einzelner Ressorts, wie z. B. dem Hessischen Ministerium des Innern und für Sport mit dem Landesamt für Verfassungsschutz und der Polizei, ein hochkomplexes Berechtigungskonzept. Es wird kontinuierlich an neue Entwicklungen angepasst. Die Umsetzung unterliegt einem professionellen Monitoring.

Aufgaben und Funktionen des SAP-CCC

Entsprechend den vielfältigen Anforderungen wurden die Funktionen, Aufgabenverteilungen und Rollen innerhalb des CCC spezifisch gestaltet und ausgeprägt. Die Ausprägung des CCC als virtuelle Organisationseinheit erlaubt die Wahrnehmung der Kernfunktionen Support Desk, Entwicklung, Vertrags- und Informationsmanagement durch unterschiedliche Organisationseinheiten. Das SAP-Rechenzentrum wird vom Technischen HCC in der Hessischen Zentrale für Datenverarbeitung (HZD) betrieben, das wiederum virtueller Bestandteil des HCC ist.

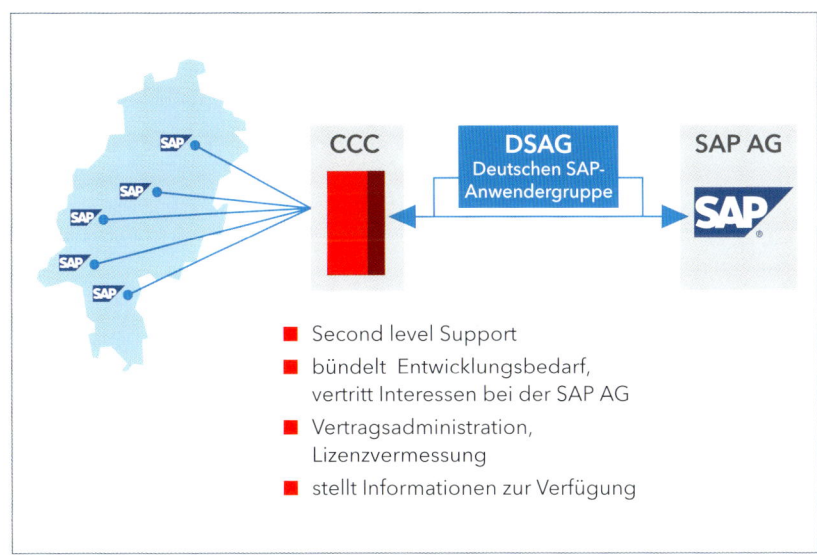

Das CCC als Brücke zwischen den Ressorts und der SAP AG

Support Desk

Nach dem Support-Konzept übernimmt das CCC die Aufgaben eines Second Level Supports auf der Basis definierter Support Level mit festgelegten Reaktionszeiten. Den First Level Support übernehmen rund 2.000 Anwendungsbetreuer in den Dienststellen.

Der Support Desk ist somit die Anlaufstelle für alle Probleme und Fragen, welche in den Ressorts nicht gelöst werden können. Die Anwendungsexperten des CCC stehen sowohl telefonisch als auch online für softwaregestützte Anfragen aus den Dienststellen zur Verfügung. Ist eine Lösung mit den im CCC vorgehaltenen Mitteln nicht zu erreichen, wird der Kontakt zur SAP AG per OSS-Meldung hergestellt. Weniger als 3 % der jährlich eingehenden Fehler- und Problemmeldungen werden durch dass CCC an die SAP AG weitergeleitet.

Koordination von Entwicklungsanträgen

Um den Anforderungen der Ressorts nach bedarfsgerechter Weiterentwicklung und Anpassungen der Systeme zu entsprechen, erfasst und koordiniert das CCC sämtliche Entwicklungsanträge. Es vertritt die Interessen der Landesverwaltung in Arbeitskreisen und Gremien der DSAG und bei der SAP AG.

Zu diesen Aufgaben gehört vor allem die Umsetzung von Änderungen und Erweiterungen der Landesreferenzmodelle aufgrund funktionaler, rechtlicher oder qualitativer Notwendigkeiten. Das Leistungsspektrum umfasst alle für die Planung und Umsetzung erforderlichen Schritte ebenso wie die Steuerung der jeweiligen Genehmigungsprozesse.

Vertragsverwaltung

Die Vertrags- und Lizenzverwaltung beinhaltet insbesondere die Lizenzvermessung und die Pflegegebührabrechnung. Zur Vertragsverwaltung gehört ebenfalls die Kontraktabrufbearbeitung sowie das Benutzerstamm- und Installationsdatenmanagement im Service Marketplace.

Informationsmanagement

Das im HCC zu etablierende Informationsmanagement koordiniert alle SAP-spezifischen Informationskanäle zwischen den Ressorts, den Mitarbeitern der Landesverwaltung und der SAP AG. Die bedarfs- und zielgruppenorientierte Informationsversorgung innerhalb der Landesverwaltung wird sichergestellt, indem die Informationen durch das CCC gezielt selektiert, aufbereitet, gebündelt und bereitgestellt werden. Neben der Organisation und Durchführung von Informationsveranstaltungen, Systemdemonstrationen und Referenzbesuchen führt das CCC-Informationsmanagement gezielte Marketingaktivitäten für SAP-Lösungen innerhalb der Landesverwaltung durch.

Von hier wird auch der Informationsfluss der virtuellen Organisation gesteuert. Dabei werden die Informationen gesichtet und entsprechend priorisiert. Externe sowie interessierte Anwender können sich zusätzlich News über Messe- und Kongressauftritte beschaffen.

Softwareeinsatz

Zentrales Kommunikationstool für das Problem- und Änderungsmanagement und künftig das Anforderungsmanagement ist die Software Action Request System (ARS) Remedy. Mit dem Tool Remedy werden alle Kundenanforderungen erfasst, verwaltet, ausgewertet und dokumentiert. Die Prozessbeteiligten können jederzeit online in Echtzeit den Bearbeitungsstand verfolgen. Das automatisierte Berichtssystem unterstützt die Anwendungsexperten im CCC zudem bei der Einhaltung der Servicelevel.

Bedeutung der Zertifizierung für die hessische Landesverwaltung

Das HCC gehört zu den weniger als 50 zertifizierten SAP Customer Competence Centern aus dem Bereich der öffentlichen Verwaltung. In einem weltweit gültigen Zertifizierungsverfahren prüft die SAP AG die Funktionen, Strukturen und Geschäftsprozesse des CCC und bewertet zusätzlich den Support Desk nach einem Punktesystem. Um die gleichbleibend hohe Qualität der Dienstleistungen sicherzustellen, wird das CCC turnusmäßig alle zwei Jahre rezertifiziert.

Die Zertifizierung erfolgt in Form eines Audits. Als Ergebnis wurde dem HCC mit 86 von 100 möglichen Punkten eine besonders hohe Qualität in der Betreuung der SAP-Systeme und der erfolgreiche Aufbau landeseigener SAP-Kompetenz auf hohem Niveau bescheinigt. Für den Support Desk konnte die maximal erreichbare Punktezahl vergeben werden – maßgeblich hierfür war die sehr hohe Qualität der OSS-Meldungen. Mehr als 75 % aller durch das HCC an die SAP AG aufgegebenen OSS-Meldungen führten zu einer Programmkorrektur. Neben der Qualität des Support Desks wird die Quantität der aufgegebenen OSS-Meldungen sowie die Komplexität der betreuten Installation und der Einsatz des SAP Solution Managers bewertet.

Im Mittelpunkt des Zertifizierungsprojektes standen neben der Übernahme und Einbindung der neuen Aufgaben Vertrags- und Informationsmanagement, die Optimierung und Qualitätssicherung der Betriebsprozesse im CCC. Der anschließende Review der Prozesse und Konzepte durch die SAP AG bietet die Vorteile einer externen Qualitätssicherung und unterstützt das Ziel eines effizienten, flexiblen und wirtschaftlichen Lösungssupports.

Mit der Zertifizierung ergeben sich auch unmittelbare Vorteile. So wird z. B. die Wartungsgebühr für die SAP-Lizenzen um 2 Prozentpunkte rabattiert, die aufgegebenen OSS-Meldungen bevorzugt behandelt, Entwicklungsanträge können einfacher gestellt werden und die Zugangsmöglichkeiten zum Service Marketplace werden erweitert.

Fazit

Mit der Einrichtung des SAP-CCC und der erfolgten Zertifizierung durch die SAP AG werden die operativen SAP-Aufgaben zentralisiert und gebündelt. Damit ist es möglich, die Kunden aus einer Hand umfassend zu betreuen und zu beraten. Die Optimierung der Organisationsstrukturen und Abläufe sowie die aus der Zertifizierung resultierenden Vorteile bei der SAP AG führen zu einer Verbesserung der Leistungsfähigkeit des zentralen Dienstleisters HCC, die sich auch auf die Kunden auswirkt. Das bei der Zertifizierung erzielte Ergebnis reflektiert die Leistungsfähigkeit der SAP-Betreuung auf dem Öffentlichen Sektor, zeigt Entwicklungspotenziale auf und dient zudem als Kompetenzbeweis gegenüber den Kunden und damit gegenüber der gesamten hessischen Landesverwaltung.

B Serviceoptimierung durch Serviceunterstützung

Pioniere und Akteure des E-Governments sind – berufsbiographisch betrachtet – häufig „bunte Vögel". Ihre Spezialkenntnisse können so unterschiedlich sein, wie die Vorhaben und Projekte komplex. Innovatives und strategisches Denken, präzise Nutzenbetrachtungen und eine effiziente, zielgruppenorientierte Arbeitsweise zeichnen sie aus.

Doch auch die Besten brauchen Unterstützung. Um Bahnbrechendes leisten zu können, benötigen sie optimale Rahmenbedingungen. Und sie brauchen Orientierungswerte, um in der täglichen Arbeit die vorgegebenen Aufgaben nie aus den Augen zu verlieren.

Die hessische Landesregierung ist mit ihren weit beachteten Projekten und Verfahren zum Vorreiter im deutschlandweiten E-Government geworden. Nicht zuletzt auch deshalb, weil sie den Experten die notwendigen Grundvoraussetzungen für effiziente Arbeit zur Verfügung gestellt hat. Nur so konnten jene Vorhaben tatsächlich umgesetzt werden, die im Masterplan festgeschrieben standen.

Doch worin bestehen diese besonderen Rahmenbedingungen? Wodurch werden die Verantwortlichen – egal, auf welcher Ebene – bei der täglichen, operativen Arbeit konkret unterstützt?

Unverändert bundesweit einzigartig ist in Hessen die landesweite Koordinierung aller E-Government-Aktivitäten durch den Chief Information Officer (CIO) in der Funktion eines Staatssekretärs für die Ressorts Inneres und Finanzen. Darüber hinaus verfügt das Land über einen leistungsstarken IT-Dienstleister. Im Zuge einer Reorganisation hat er sämtliche Prozesse gemäß ITIL, den Empfehlungen der IT Infrastructure Library, ausgerichtet. Bei besonders komplexen Aufgabenstellungen arbeitet er mit kompetenten Partnern aus der Wirtschaft zusammen.

Weiterer Erfolgsfaktor ist die konsequente Einführung des kaufmännischen Rechnungswesens, der Kosten- und Leistungsrechnung und eines ergebnisorientierten Controllings im Rahmen der Neuen Verwaltungssteuerung. Das Bundesland Hessen arbeitet damit so, wie es in der Privatwirtschaft üblich und unumgänglich ist.

Ein einheitliches, SAP-basiertes Landesreferenzmodell zum Personalmanagement sowie zur Personalkostensteuerung für alle Dienststellen und im Schulbereich macht ebenfalls den umfassenden Wandel von traditioneller Verwaltung zu einem serviceorientierten, zielgruppenfokussierten E-Government deutlich.

Doch damit nicht genug. Hessen hat auch bei deutschlandweiten Projekten entscheidende Anstöße gegeben. So etwa bei der Einrichtung einer zentralen Telefonnummer 115 für alle behördlichen Anliegen der Bürger und Unternehmen nach US-amerikanischem Vorbild. Gleiches gilt beim Aufbau einer internetbasierten Vorgangsbearbeitung für die schnelle Genehmigung von Landesgrenzen überschreitenden Schwerlasttransporten (VEMAGS). Rund 1.000 Dienststellen können hier eingebunden sein.

Bei diesen Rahmenbedingungen handelt es sich einerseits um die Verabschiedung landesweit verbindlicher Richtlinien und Rahmenkonzepte für die Planung, Entwicklung und Realisierung von E-Government-Vorhaben durch den Kabinettsausschuss Verwaltungsreform und Verwaltungsinformatik. Andererseits dreht es sich auch um den Aufbau eines strukturierten Controllings für alle zentralen und dezentralen Vorhaben.

Grundsätzlich wurde in Hessen streng darauf geachtet, die für E-Government geltenden Prinzipien von Wirtschaftlichkeit und Serviceorientierung konsequent umzusetzen. Was bedeutet das für einzelne Aktivitäten jeweils ganz konkret?

In der Legislaturperiode 2003 bis 2008 wurde frühzeitig ein übergreifendes Projekt- und Budgetcontrolling für E-Government-Vorhaben aufgebaut. Es wird inzwischen durch die im Innenministerium angesiedelte Abteilung „E-Government und Verwaltungsinformatik" verantwortet und in enger Zusammenarbeit mit den Projekten realisiert. Darüber hinaus entstanden mehrere Rahmenkonzepte und Richtlinien. Sie unterstützen die verantwortlichen E-Government-Akteure bei der Realisierung ihrer komplexen und herausfordernden Arbeit.

Hierzu gehören die Entwicklung eines Projekthandbuchs für die E-Government-Projekte des Landes, ferner die Entwicklung eines IT-Finanz- und Controllingkonzeptes sowie die Veröffentlichung einer Dokumentationsrichtlinie für alle hessischen IT-Projekte. Der Kabinettsausschuss Verwaltungsreform und Verwaltungsinformatik hat die beiden letztgenannten Dokumente 2007 verabschiedet. Mit diesen Grundsatzdokumenten werden sowohl konkrete Empfehlungen als auch verbindliche Standards für alle Ressorts gegeben.

Zweifellos erfordert deren konsequente Anwendung bei den Mitarbeitern ein neues Verständnis im Rahmen der interministeriellen Zusammenarbeit. Doch auch dieses Umdenken ist Ausdruck modernen, bezugsgruppenorientierten E-Governments.

Denn bekanntermaßen sind nicht nur Bürger, Unternehmen und Politik Zielgruppen des E-Governments, sondern auch die Beschäftigten selbst. Durch die zeitgemäßen Richtlinien bekommen sie ein qualitativ hochwertiges Werkzeug an die Hand, das sie von projektadministrativen Überlegungen entlastet. Damit wird ihnen die Konzentration auf fachliche und technische Kernfragen ihrer Projekte ermöglicht.

Die kontinuierliche Anwendung der Vorgaben mag aus Sicht des Einzelnen nicht immer erforderlich erscheinen und zusätzlichen Lernaufwand erfordern. Dennoch gilt: einheitliche Strukturen führen zur Vergleichbarkeit und Transparenz der Ergebnisse. In Folge können die Guten von den Besten lernen, Synergien genutzt und wirksame Steuerungsmaßnahmen umgesetzt werden. Die mittel- bis langfristig zu erzielenden Kosten- und Ressourceneinsparungen können in die Initialisierung und Umsetzung weiterer strategischer E-Government-Aktivitäten und den weiteren Ausbau der IT-Infrastruktur investiert werden.

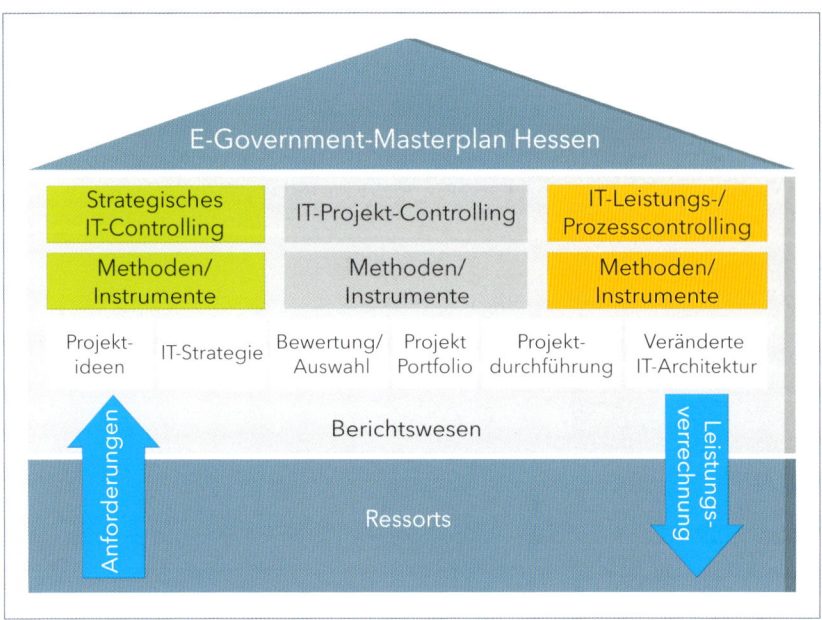

**Effizientes IT-Projekt- und Leistungscontrolling im
Rahmen des hessischen E-Governments**

Mit diesem Ansatz etabliert die hessische Landesverwaltung nunmehr auch einen modernen Controllingansatz. Neben den zentralen Elementen Planung, Steuerung, Kontrolle und Datenaufbereitung ist er insbesondere auf die serviceorientierte Beratung der politischen und fachlichen Entscheidungsträger sowie die operative Unterstützung der Verantwortlichen ausgerichtet.

3

Quo vadis E-Government?

Grundsätzliche Gedanken

Staatssekretär a. D. Harald Lemke

E-Government ist eine Ingenieurswissenschaft, die aufgrund ihrer Komplexität neue methodische Grundlagen braucht. Sind die Paradigmen der Wirtschaftsinformatik ohne weiteres auf E-Government anwendbar?

Zweifel sind schon aus systematischen Gründen angebracht: Niemand wird ernsthaft widersprechen, dass eine IT-Strategie der Unternehmensstrategie untergeordnet ist. Die gewollten Ziele und Rahmenbedingungen von Wirtschaftsunternehmen unterscheiden sich aber gravierend von den Zielen einer öffentlichen Verwaltung: Jedes Unternehmen verfolgt in erster Linie wirtschaftliche Interessen, will seinen Wert steigern und das eingesetzte Kapital angemessen verzinsen. Daraus folgt, dass Kostensenkung und Prozessoptimierung sowie damit zusammenhängende IT-Strategien sich unmittelbar auf die Erreichung der primären Unternehmensziele auswirken.

Öffentliche Verwaltung soll zwar auch wirtschaftlich sein, verfolgt jedoch primär keine wirtschaftlichen Ziele. Ihre Aufgaben und Organisationsstrukturen sind gesetzlich vorgeschrieben, wobei Gewaltenteilung und föderale und subsidiäre Strukturen wesentliche Eckpfeiler unserer Organisation sind.

Diese Aufteilung staatlicher Macht ist nicht „aus Versehen" passiert, sondern war wohlüberlegt. Die damit verbundenen Ineffizienzen können unter diesem Blickwinkel auch als politisch gewollte Machtbegrenzung verstanden werden. In diesem Zusammenhang scheinen die Ziele einer IT-Strategie nicht mehr so einfach. Informationstechnik vernetzt und integriert, fordert Standards und standardisiert selbst, setzt auf Schnelligkeit, Effizienz und will in allererster Linie Wirtschaftlichkeit fördern.

In unserer rechtstaatlichen Verwaltung kann man diesen grundlegenden Zielkonflikt fast mit Händen greifen. Gerade in diesen Tagen, wo wir im Rahmen der Föderalismusreform II nach Wegen suchen, den tiefen Graben zwischen teilendem Recht und integrierender Informationstechnik zu überbrücken.

Die Wirtschaftsinformatik bietet jedenfalls kein kommunikationsfähiges Modell, das überzeugende Antworten auf die verwaltungsrechtlichen Fragestellungen von Gewaltenteilung, Föderalismus, kommunaler Selbstverwaltung und Ressortprinzip gibt. Natürlich ließe sich eine Verwaltung aus betriebswirtschaftlicher Sicht sehr viel effizienter organisieren, wenn wir eine elektronische Bürgerakte hätten, auf die Polizei, Sozialämter, Staatsanwaltschaft oder Finanzämter zugreifen und so ihre Erkenntnisse austauschen könnten. Aber niemand will ein solch gläserner Bürger sein und auch unsere Verfassung will einen solchen Staat nicht.

Nun werden aber die trennenden Grenzen zwischen den Gewalten, Ressorts und Verwaltungsebenen in der Praxis dauernd überschritten und das hat natürlich gravierende Auswirkungen auf die IT-Strukturen der Verwaltung. Wenn zum Beispiel die Polizei mit der Steuerfahndung zusammenarbeitet und am Ende eine Akte zur Staatsanwaltschaft geht und von dort aus weiter an das Gericht, dann liegt es natürlich auf der Hand, diesen Informationsfluss elektronisch zu organisieren, insbesondere dann, wenn alle Beteiligten ihre eigenen Prozesse mit Informationstechnik unterstützen.

Aus Sicht der Informatik ist der technische Schritt von der Vernetzung unterschiedlicher Systeme zur Systemintegration ein relativ kleiner – für die meisten Datenschützer dürfte spätestens hier der Rubikon überschritten sein. Auch wenn ein gemeinsam genutztes System hinsichtlich seiner Zugriffsrechte so gestaltet wird, dass jeder nur die Informationen sehen kann, die er darf und zur Erledigung seiner Aufgaben braucht, bleibt immer noch die Frage: Wem untersteht die Systemadministration, die sich ja bekanntlich über alle technischen Sperren hinwegsetzen kann? Wird die IT-Administration zu einer Art Orwellschem Informationsministerium?

Dieser kurze Anriss macht deutlich, dass Verwaltungsinformatik eine eigenständige Interdisziplin aus Rechts-, Wirtschafts-, Organisations- und Ingenieurswissenschaften darstellt. Es ist daher nicht nur sinnvoll, sondern dringend erforderlich, auch mit wissenschaftlicher Präzision und Unabhängigkeit untersuchen zu lassen, wo es zwischen extremer Gewaltenteilung und Orwellscher Vollintegration eine ausgewogene Grauzone der Vernunft gibt, in der die öffentliche Verwaltung unter Wahrung rechtsstaatlicher Prinzipien und politischer Ziele das Maximum an wirtschaftlichem Potenzial aus der IT herausholen darf.

Die hessische E-Government-Initiative hat der Verwaltungsinformatik in diesem Sinne wichtige Impulse gegeben. Die in diesem Zusammenhang wichtigste Initiative war die Gründung von ISPRAT, dem Institut für „Interdisziplinäre Studien zu Politik, Recht, Administration und Technologie".

ISPRAT steht unter der Schirmherrschaft des hessischen Ministerpräsidenten und bündelt die Kompetenz von Informatikern, Juristen, Betriebswirten, Organisatoren und Politikern. Sie fokussieren ihr Wissen auf aktuelle Themen rund um den IT-Einsatz im öffentlichen Bereich. Die Forschungsprojekte, an denen interdisziplinär gearbeitet wird, dienen letztlich ausnahmslos dazu, zur Modernisierung der Verwaltung mit Hilfe der Informationstechnik beizutragen.

ISPRAT kooperiert mit Politik. Denn die Berücksichtigung der politischen Anforderungen ist entscheidend für die Praxistauglichkeit der Projekte. Dabei ist das Institut selbstverständlich überparteilich.

ISPRAT kooperiert mit Praktikern aus der Verwaltung. Denn niemand weiß besser, wo die Probleme liegen. Ihre Mitwirkung ist entscheidend dafür, dass wissenschaftliche Konzepte auch wirklich praxistauglich sind.

ISPRAT kooperiert mit der Wirtschaft. Denn tragfähige Modernisierungskonzepte können nur in Zusammenarbeit mit den Unternehmen der IT-Branche entwickelt werden.

Und ISPRAT ist herstellerneutral. Die Mitgliedschaft steht jedem Unternehmen offen, das die skizzierten Ziele unterstützt. Die wissenschaftlichen Mitglieder von ISPRAT stehen mit ihrem guten Namen für Transparenz und Neutralität der Arbeitsergebnisse ein. Auch die Steuerzahler profitieren von diesem Dialog. Denn gegenseitiges Verstehen verhindert teure und standortschädliche Havarien von Großprojekten.

Beispielhaft für die zahlreichen laufenden ISPRAT-Forschungsprojekte seien zwei Punkte genannt: Zum einen die Erarbeitung einer umfassenden Strategie zur Einführung der bundesweiten Behördenrufnummer 115. ISPRAT hat für das Deutschland-Online Projekt D115 eine umfassende Machbarkeits- und Einführungsstudie erstellt. Die Ergebnisse des interdisziplinären Wissenschaftlerteams wurden auf dem 2. nationalen IT-Gipfel an den Bundesinnenminister Dr. Wolfgang Schäuble übergeben. Pilotversuche mit der Rufnummer 115 werden in diesem Jahr anlaufen.

In einem weiteren ISPRAT-Projekt am Lorenz-von-Stein-Institut wurden die rechtlichen Grundlagen zur Umsetzung der EU-Dienstleistungsrichtlinie untersucht. Die Umsetzung dieser Richtlinie in nationales Recht wird in den nächsten Jahren einen wesentlichen Teil der Maßnahmen von Gesetzgebung und Verwaltung auf dem Gebiet des Wirtschaftsverwaltungsrechts prägen. Diese Erkenntnis zwingt zu einer wissenschaftlichen Betrachtung, um Entscheidungsträgern das notwendige Fachwissen an die Hand zu geben.

Die Untersuchung bietet einen Überblick über wesentliche Inhalte der Richtlinie. Und sie widmet sich Fragen der Umsetzung. Dazu gehören Lösungsansätze zur Einführung der einheitlichen Ansprechpartner und der gemeinschaftsweiten Verwaltungszusammenarbeit. In einem nächsten Schritt wird das Projekt rechtliche Fragen der technischen Umsetzung herausarbeiten.

Wichtig ist, dass die Ergebnisse dieser Arbeit nicht als geduldiges Papier im Aktenschrank veralten, sondern als Impulse für die Verwaltungsmodernisierung dienen. Vor diesem Hintergrund hat ISPRAT das Public-CIO-Institut initiiert, in dem Entscheidungsträger der öffentlichen Verwaltung diese Themen gemeinsam mit Wirtschaft und Wissenschaft diskutieren.

4

E-Government Glossar

A

Active Directory

engl. etwa „aktives" Verzeichnis: Ein Verzeichnisdienst von Microsoft, der Ressourcen, Dienste und Benutzer (-konten) einander zuordnet. Er kann z. B. regeln, wer welchen Dienst (Suche in einer Datenbank o. ä.) oder welche Ressourcen (Drucker, Scanner etc.) benutzen darf.

Ad-hoc-Workflow

engl. Arbeitsablauf: Die sofortige Möglichkeit, Daten automatisch und ohne Zeitverzögerung zur weiteren Bearbeitung an eine andere Person zu senden.

Anwendung

Auch Anwendungsprogramme oder Applikation: Programme, die wie Werkzeuge zur Lösung bestimmter Aufgaben eingesetzt werden. Beispiele sind Textverarbeitungs- oder Tabellenkalkulationsprogramme, Portal-Anwendungen etc.

ArcIMS-Dienste

Dienst, der die Publikation von geographischen Karten im Internet ermöglicht und zur gemeinsamen Nutzung bereit stellt.

Authentifizierung

Die Überprüfung der Identität einer Person anhand bestimmter Merkmale, z. B. durch die Anmeldung mittels Benutzername und Passwort.

Autorisierung

Zugriff auf definierte Inhalte für Personen, denen dieses Recht gewährt wurde.

B

Backend

Der administrative Bereich, in dem die Daten eingepflegt werden.

Balanced Scorecard

engl. etwa ausgewogene Darstellung von Kennzahlen: Darstellung des Status Quo aus der Sicht verschiedener – besonders auch nichtfinanzieller – Perspektiven und Zielsetzungen (z. B. Kundenzufriedenheit) zur Verwendung für Analysen oder strategische Planungen.

Bandbreite

Angabe, wie viele Daten in einem bestimmten Zeitraum empfangen oder gesendet werden können (Datenübertragungsrate).

Barrierefreiheit

Die Zugänglichkeit bzw. Nutzungsmöglichkeit von Orten oder Gegenständen für jede Person ungeachtet eventuell bestehender körperlicher Beeinträchtigungen.

BASIS-Web

Buchhaltungs- und Abrechnungssystem im Strafvollzug.

Berichtswesen

Das Berichtswesen dient zur gezielten Bereitstellung von Informationen durch Selektion, Verdichtung und Aufbereitung von Daten aus Anwendungssystemen. Es ist insbesondere Teil des Controllings, mit dem gewährleistet wird, dass die für die Steuerung erforderlichen Informationen bei Organisationseinheiten, Führungskräften und Mitarbeitern rechtzeitig vorliegen.

Best Practice

engl. beste Verfahren: Beispiele von Prozessen, Lösungsansätzen etc., die für besonders beispielhaft und wegweisend gelten.

BGAN

Broadband Global Area Network (*engl.* etwa Weltweites Netzwerk mit hoher Übertragungsrate): Satellitenkommunikationssystem mit besonders hoher Übertragungsrate, das Internetzugang und Telekommunikation ermöglicht.

BI (Business Intelligence)

Unter Business Intelligence verstehen wir alle Prozesse, bei denen aus Daten Informationen und aus Informationen Wissen gewonnen wird, so dass Entscheidungen auf Basis von Fakten getroffen werden, die Aktionen zur Unternehmens- und Prozesssteuerung auslösen.

Bilanz

Gegenüberstellung der Vermögensgegenstände und Schulden zu einem bestimmten Stichtag in Kontoform. Auf der Soll-Seite des Kontos stehen die Aktiva und auf der Haben-Seite die Passiva. Als Saldo verbleibt das Eigenkapital, die Differenz aus Vermögen und Schulden.

BIT

Die Bundesstelle für Informationstechnik ist einer der Dienstleister für IT-Technik für die Bundesverwaltung.

BITV

Barrierefreie Informationstechnik-Verordnung

BizTalk

Ein Programm, das zwischen unterschiedlichen unabhängig von einander arbeitenden Programmen vermittelt und so z. B. einen Datenaustausch ermöglicht.

Blended Learning

Kombination aus Präsenzunterricht und Online-Lernphasen.

BMS

Das Bildungsmanagementsystem ist ein Modul des Polizei-Online Angebotes zur administrativen Abwicklung von Fortbildungsveranstaltungen bei der Polizei.

BSI-Grundschutz

Der Standard des Bundesamtes für Sicherheit in der Informationstechnik (BSI) enthält Empfehlungen, die im Umgang und Einsatz von IT die Informationssicherheit erhöhen sollen.

Buchungskreis

Organisationseinheit (der Finanzbuchhaltung) oder Zusammenfassung von Organisationseinheiten mit dezentraler Budgetverantwortung, die in eigener Verantwortung ihre Bilanz und Gewinn- und Verlustrechnung erstellen.

Budgetierung

Bereitstellung von Finanzmitteln in Form von vorab verhandelten Budgets zur eigenverantwortlichen Bewirtschaftung „vor Ort".

Bürokratieabbau

Im Rahmen des Bürokratieabbaus wird eine Vereinfachung von Prozessen angestrebt, die u.a. durch eine Reduktion von Gesetzen und Verordnungen eine Kostenersparnis und eine bessere Nutzbarkeit z. B. von Diensten der Verwaltung zum Ergebnis haben soll.

BV

Benutzerverwaltung: Ein Programm, das die Nutzer, z. B. einer Anwendung, registriert und ihnen u.a. Zugriffsrechte ausspricht.

C

CCC

Teil des Hessischen Competence Centers der für Betrieb, Betreuung und Erweiterung der SAP-Systeme für die Neue Verwaltungssteuerung verantwortlich ist.

CeBIT

Centrum der Büro- und Informationstechnik: Die weltweit größte Messe für Informationstechnik in Hannover.

CIO

engl. Chief Information Officer. In Hessen war bis 2008 Staatssekretär a.D. Harald Lemke zugleich Bevollmächtigter für E-Government und Verwaltungsinformatik. Ihm folgte Staatssekretär Horst Westerfeld. Einen CIO im Range eines Staatssekretärs gibt es nur in Hessen.

Client

engl. Kunde, Auftraggeber: Ein Computerprogramm, das einen Server kontaktiert, um dessen Dienste abzurufen. Programm und Server sind dabei Teil eines Netzwerkes, das z.B. mehrere Rechner umfassen kann.

Cluster

Auch Computercluster, *engl.* für Gruppe, Haufen: Eine Gruppe miteinander verbundener Computer.

CMS-System

engl. Content-Management-System: Redaktionssystem, das die Einstellung und Bearbeitung von Texten, Bildern etc. auf Internet/Intranet-Präsenzen ohne Programmierkenntnisse ermöglicht.

ComVor

Die Computergestützte Vorgangsbearbeitung erleichtert die Sachbearbeitung der Polizei.

Content

engl. Inhalt: Die z.B. auf einer Homepage vermittelten Informationen oder Daten.

Controlling

Controlling ist ein umfassendes Steuerungs- und Koordinationskonzept zur Unterstützung der Geschäftsleitung und der führungsverantwortlichen Stellen bei der ergebnisorientierten Planung und Umsetzung unternehmerischer Aktivitäten.

Gegenstand des Controllings ist das Sammeln, Aufbereiten und Analysieren von Daten zur Vorbereitung zielsetzungsgerechter Entscheidungen.

Corporate Identity (CI)

engl. etwa Unternehmensidentität: Das CI ist eine umfassende Beschreibung eines Unternehmens in Bereichen wie dem Erscheinungsbild (Corporate Design), der Unternehmensphilosophie (Corporate Philosophy), der Unternehmenskommunikation (Coporate Communication) sowie dessen Verhalten nach innen und außen (Coporate Behaviour).

Corporate Design (CD)

Das CD ist Teil des CI und beschreibt, wie sich ein Unternehmen visuell präsentiert. Es umfasst Aspekte wie das Firmenlogo, die verwendete Schrift und Farbe im Namenszug und Schriftverkehr etc.

CPM-BSC

Corporate Performance Management-Balanced Scorecard: Analyse- und Planungswerkzeug, das zur Überwachung und Steuerung der Unternehmensleistung eingesetzt wird.

CRIME

Criminal Research Investigation Management Software: Ein Datenbankprogramm zur Aufklärung und Bekämpfung von Kriminalität.

CTI

engl. Computer Telephony Integration: Die Integration von Telekommunikation in die Computertechnologie mit Möglichkeiten z.B. Telefonanlagen mit Programmen zu steuern, am PC Telefongespräche anzunehmen oder aus dem PC-Adressbuch heraus Personen anzurufen.

Customizing

engl. anpassen: Das Anpassen von Produkten und Dienstleistungen auf die Kundenwünsche und -erfordernisse.

D

Design Pattern

engl. Entwurfsmuster:
Ein strukturierter Plan mit einzelnen voneinander abgegrenzten Bereichen, aufgrund dessen eine Software programmiert wird. Die Unterteilung bietet die Möglichkeit bei Problemen einzelne Stücke auszutauschen, ohne die gesamte Programmierung neu gestalten zu müssen.

Deutschland-Online (DOL)

Das Ziel des Aktionsplanes ist die intensivierte Zusammenarbeit von Ländern, Bund und Gemeinden im Bereich des E-Governments, um einheitlich und bundesweit Online-Dienstleistungen zu schaffen. Ein Beispiel der Projekte des Aktionsplanes ist das Bürgertelefon 115.

DOI

Deutschland Online Infrastruktur, früher KIVD (Kommunikationsinfrastruktur für die Öffentliche Verwaltung Deutschlands): Projekt des Bundes und der Länder unter der Federführung Hessens mit dem Ziel der elektronischen Vernetzung aller Ämter und Behörden durch die Einrichtung zentraler Dienste.
Siehe auch KIVD

DIBIS

Das Digitale BildInformationssystem stellt zur Unterstützung eines Polizeieinsatzes Informationen wie Luftbilder und digitale Landkarten zur Verfügung.

Dienst

Auch Netzwerkdienst oder Service:
Computernetzwerke können verschiedene Dienste anbieten, die Leistungen etwa zur Erledigung einer Aufgabe (z. B. Drucken, Datenbankanfrage) erbringen. Auf diese Weise können mehrere Nutzer auf diese Dienste zurückgreifen.

Discoverer Spezialistenrecherche

Eine Funktion innerhalb der Auskunftssysteme der Polizei, die es ermöglicht, Zusammenhänge zwischen verschiedenen Informationen zu erkennen.

DMS

Dokumentenmanagementsysteme bestehen aus Programmen und Computern, die die Schriftgutverwaltung effizienter gestalten und z. B. das elektronische Bearbeiten, Ablegen und Wiederauffinden von Dokumenten erleichtern. In Hessen wird DMS zur Erstellung, Bearbeitung und Archivierung elektronischer Akten eingesetzt (vgl. DOMEA).

DMZ

Demilitarisierte Zone: Etwa vergleichbar mit einer Burgfestung befindet sich das Intranet des Landes im Kern der Anlage mit maximalem Schutz. Dann kommt nach der ersten Burgmauer – einer Firewall – der Bereich, in dem der Internetauftritt **www.hessen.de** angesiedelt ist. Er ist noch einmal nach außen von einer weiteren Burgmauer gesichert. Diese Firewall erlaubt Zugriffe von außen, wehrt aber trotzdem Unbefugte ab. Dieser immer noch gesicherte, aber nicht abgeschottete Bereich wird demilitarisierte Zone genannt.

Domäne

Engl.: Domain: Ein Bereich (Namensraum) im Internet, der oft in Form eines Namens beschrieben ist und sich mit einer Haupt-Adresse oder Städtevorwahl vergleichen lässt.

DOMEA

Das DOMEA-Konzept zum Dokumentenmanagement und der elektronischen Archivierung im IT-gestützten Geschäftsgang bietet Richtlinien für den Einsatz der elektronischen Akte in der Verwaltung unter Erfüllung der gesetzlichen Anforderungen. Programm der gleichnamigen Firma, das die technische Grundlage für den Einsatz von Dokumentenmanagementsystemen darstellt und damit u. a. ermöglicht, notwendige Informationen zielgerecht zur Verfügung zu stellen.

Doppik

Ist ein Kunstwort aus der öffentlichen Verwaltung für die Einführung der kaufmännischen (doppelten) Buchführung. Die Abkürzung steht für die kaufmännische Doppelte Buchführung in Konten Soll und Haben.

E-Akte

Elektronische Akte, vergleichbar mit einem Dateiordner, der möglichst alle existierenden Dokumente oder anderweitigen Informationen, die bisher u. a. in Papierform vorlagen, nun z. B. durch Scannen in elektronischer Form enthält.

E-Aufenthalt

Das Programm verbessert und beschleunigt die Antragsbearbeitung, die Zusammenarbeit und den Informationsaustausch auf elektronischem Wege zwischen den Behörden, die am Aufenthaltsverfahren beteiligt sind.

E-Beihilfe

Das Landesprojekt Elektronische Beihilfenbearbeitung hat die zentrale und papierlose Beihilfenbearbeitung zum Ziel.

ED-Di

Der Begriff Erkennungsdienst-Digital fasst alle digitalen Anwendungen eines polizeilichen Erkennungsdienstes zusammen. Hierzu gehören die Programme ED-Di Dakty-VIS (Programm, das zur Erstellung von Fingerabdruck-Gutachten eingesetzt wird), ED-Di fast-ident (schnelle Personenidentifikation anhand von Fingerabdrücken) und ED-Di Libi (Lichtbilder-Recherche).

EEC

Das vom Land Hessen mit der Firma CSC gegründete E-Government-Entwicklungs-Center, das die Entwicklungsarbeiten zur Umsetzung der E-Government-Projekte realisiert. Für das Land sind das Hessische Innenministerium (strategisch) und die Hessische Zentrale für Datenverarbeitung (operativ) im EEC vertreten.

E-Einbürgerung

Ein behördenübergreifendes Konzept und Verfahren für die Bearbeitung von Einbürgerungen, bei dem der Vorgang in einer elektronischen Akte angelegt wird und von allen beteiligten Institutionen bearbeitet werden kann.

E-Gesetz

Überführung aller Prozesse, die mit der Entstehung von Gesetzen verbunden sind, in elektronische Form.

E-Government

Der Einsatz von Informations- und Kommunikationstechnologie zur Effizienzsteigerung von Verwaltungsprozessen.

EGVP

Das Elektronische Gerichts- und Verwaltungspostfach zur Annahme von Anträgen, die per Internet eintreffen.

E-Justice

engl. Recht: Die Verwendung von Informations- und Kommunikationstechnologie zur Effizienzsteigerung von Prozessen im Bereich der Justiz (z. B. Klageeinreichung per E-Mail).

E-KIS

Im Elektronischen Kabinettsinformationssystem erfolgen alle mit den Kabinettsitzungen verbundenen Abläufe (Vorbereitung, Durchführung und Dokumentation) in elektronischer Form.

E-Kita

Kindertagesstättenverfahren: Ein Programm des Hessischen Sozialministeriums zur Verwaltung von hessischen Kindertageseinrichtungen zur Vergabe von Betriebserlaubnissen und Förderungen.

ELBA

Das Fachverfahren elektronische Beihilfenbearbeitung wird genutzt, um Anträge und Schriftverkehr zu bearbeiten (vgl. E-Beihilfe).

E-Learning

engl. elektronisch unterstütztes Lernen: setzt elektronische Medien wie Internet-Lernplattformen oder CD-ROMs im Lernprozess ein (vgl. Blended Learning).

ELS

Das Einsatzleitsystem der Polizei dokumentiert die Bearbeitung von Einsätzen.

Elster

Die ElektronischeSteuerErklärung ist ein Projekt, das IT-Technologie einsetzt, um die Prozesse im Rahmen der Steuererklärung zu erleichtern, z. B. durch deren elektronische Einreichung.

E-Norm

Software, die bei der Erstellung von Gesetz- und Verordnungsentwürfen hilft und Teil des Projektes „Elektronische Arbeitshilfen und Verkündung" des BMJ ist.

Enterprise Buyer Professional (EBP)

EBP ist die zentrale E-Procurement-Komponente zum strategischen und operativen Beschaffen. EBP stößt beispielsweise Freigaben, Bestellungen, Waren- und Rechnungseingänge an.

Enterprise Datawarehouse

Engl. etwa Unternehmens-Datenlagerhaus: Eine zentrale elektronische Datensammlung mit Geschäftsdaten vielfältiger Herkunft, die beispielsweise für Analysen benutzt werden können.

EP

engl. Enterprise-Portal: ein Portal, das der effizienten Organisation der Kommunikations- und Informationsprozesse innerhalb von Unternehmen sowie zwischen ihnen und ihrer Außenwelt dient.

E-Payment

Zahlung auf elektronischem Wege

E-Post

Elektronische Post: Die Versendung von Nachrichten auf elektronischem Wege.

E-Procurement

E(lectronic)-Procurement ist der englischsprachige Fachbegriff für elektronische Beschaffung. E-Procurement bezeichnet den via Internet optimierten Beschaffungsprozess eines Unternehmens. Damit ist nicht nur der reine Bestellprozess gemeint, sondern auch elektronische Verhandlungen mit Zulieferern und Vertragsabschlüsse.

Erfolgsplan

Eine Auflistung der kumulierten Ist- und Planzahlen nach der Struktur eines Betriebsergebnisses (Einnahmen : Ausgaben).

eRV-OWi

Elektronischer Rechtsverkehr in Ordnungswidrigkeiten: Die elektronische Erfassung der Personen- und Verfahrensdaten in Ordnungswidrigkeitsverfahren.

ETB

Das Elektronische Tätigkeitsbuch der Polizei enthält die Tätigkeitsberichte sowie die Tagesmeldungen und hilft bei der Vorgangsbearbeitung und -steuerung.

E-Trainer

Person, die (beispielsweise in Online-Tutorien oder per E-Mail) die Lernenden betreut, die mit Hilfe von Lernangeboten im Internet Kenntnisse erwerben möchten.

EUSka

Elektronische Unfalltypensteckkarte: Ein Programm zur Analyse von Verkehrsunfällen und der Erfüllung der jeweiligen Meldepflichten.

E-Vergabe

Webseiten und Angebote des Bundes oder der Länder, über die öffentliche Ausschreibungen publiziert, Verdingungsunterlagen angefordert und Gebote abgeben werden können. (Ausschreibungs- und Vergabeplattform)

EWO

Die von den Gemeinden geführte Einwohnermeldedatei registriert Bewohner und Daten wie Geburtsdatum, Anschrift, Religionszugehörigkeit und akademische Grade.

ExtraPol

Extranet Polizei: Der bundesweite Informationsverbund der Polizei, der Bundespolizei sowie des Bundeskriminalamtes.

F

FIS InVekoS GIS

Projekt Fachinformationssystem – Integriertes Verwaltungs- und Kontrollsystem – Geographisches Informationssystem realisiert die elektronische Beantragung von Fördergeldern für Landwirte sowie deren Bearbeitung.

F-HCC

Das Fachliche HCC oder Financial Shared Services Center ist eine Servicestelle, die Finanzdienstleistungen für Ministerien und Dienststellen erbringt. Angesiedelt ist es im Hessischen Competence Center.

FK

Die Formelle Kommunikation ist ein Führungs- und Einsatzmittel der Polizei und dient dem Austausch von Informationen nach bundesweit vereinheitlichen Regeln.

Frontend

Das Erscheinungsbild der Internetseite, wie der Endanwender es sieht.

Führungsbericht

Die Führungsberichte auf der Ebene Ressortchef werden in Form einer Ressortberichtsmappe dargestellt, die für jeden Buchungskreis Titelblatt, Übersichtabelle, Erfolgsplan sowie eine Ergebniskommentierung enthält.

In der Übersichtstabelle für die einzelnen Buchungskreise werden Menge, Kosten, Erlöse, Produktabgeltung, Preis und Ergebnis jeweils für Produkte, Projekte, externe und zwischenbehördliche Leistungen mit Ist- und Planzahlen ausgewiesen.

G

GDI

Die Geodateninfrastruktur Hessen stellt aktuelle Geobasis- und Geofachdaten der öffentlichen Verwaltung in Hessen zur Verfügung. **www.geoportal.hessen.de**

GESIS

Gewässerstrukturgüteinformationssystem: Interaktives Programm, das die Ergebnisse der Gewässerstrukturgütekartierung aller Fließgewässer in Hessen in Form von Daten, Texten und Karten angibt. **www.herasum.de**

GeoBasis

Ein Projekt, das mittels einer Plattform Geofach- sowie Geobasisdaten zunächst für das HMULV und langfristig auch für die Öffentlichkeit zur Verfügung stellt, durch den Aufbau einer entsprechenden Infrastruktur und eines Datenkataloges.

Geoportal

Das Geoportal Hessen ist der Einstieg zu mehreren Informationsangeboten und Diensten mit geographischem Bezug. **www.geoportal.hessen.de**

Gewinn- und Verlustrechnung (GuV)

Die GuV bildet zusammen mit der Bilanz den Jahresabschluss. Sie wird auch Erfolgsrechnung genannt und ergänzt die Bilanz, indem sie nicht nur den Erfolg ausweist, sondern auch die Quellen des Erfolgs als Zeitraumrechnung offen legt.

Govello

Mail-Programm auf Basis des OSCI-Protokolls (vgl. OSCI), mit dem Landesbedienstete Nachrichten verfassen und an die virtuelle Poststelle (vgl. VPS) versenden können.

GPL

Gesamtprojektleitung

GPRS

General Packet Radio Service: Technik zur Datenübertragung im Mobilfunk

GSTOOL

(Grundschutz-Tool): Eine Software des Bundesamtes für Sicherheit in der Informationstechnik zur Entwicklung, Verwaltung und Optimierung von IT-Sicherheitskonzepten.

HAD

In der hessischen Ausschreibungsdatenbank kann man sich über aktuelle Ausschreibungsveröffentlichungen der hessischen Landesbehörden und Zuwendungsnehmer informieren. **www.had.de**

HCC

Das Hessisches Competence Center für NVS bietet Dienstleistungen für Landesbehörden im Bereich Beschaffung, Finanz- und Rechnungswesen sowie den Betrieb und die Weiterentwicklung der SAP-Systeme der Landesverwaltung.

HCC-AM

Die Aufgabe des Hessischen Competence Center-Anwendungsmanagements ist die Sicherstellung des Betriebes der SAP-Systeme, ihrer Anwendungen und die Unterstützung ihrer Nutzer. Angesiedelt ist es im Hessischen Competence Center.

HCC-AP

Die Abteilung Hessische Competence Center-Anwendungsprojekte ist verantwortlich für die Neu- und Weiterentwicklung der Landesreferenzmodelle. Angesiedelt ist sie im Hessischen Competence Center.

HCC-Zentrale Beschaffung

Der Bereich zentrale Beschaffung im HCC ist der Ansprechpartner für alle hessischen Landesdienststellen, wenn es um die Vergabe von Liefer- und Dienstleistungsaufträgen geht.

HCN

Hessen Corporate Network: Netzwerkinfrastruktur für die hessische Landesverwaltung zur einheitlichen sowie fach- und organisationsübergreifenden Kommunikation unter Einbindung und Nutzung der Informations- und Kommunikationstechnologie.

HSDB

Hazardous Substances Data Bank; *engl.* Datenbank zu gefährlichen Substanzen: Datenbank der USA mit Informationen zu toxikologischen Stoffen.

HDSB

Hessischer Datenschutzbeauftragter: seine zentrale Aufgabe ist es, die Einhaltung der Bestimmungen des Hessischen Datenschutzgesetzes sowie anderer datenschutzrechtlicher Regelungen bei den Behörden des Landes Hessen und sonstigen öffentlichen Stellen des Landes zu überwachen. Jeder Bürger und jede Bürgerin hat das Recht, sich unmittelbar an den Hessischen Datenschutzbeauftragten zu wenden und ihn um Unterstützung zu bitten. **www.datenschutz.hessen.de**

HeBIS

Das Hessische Bibliotheksinformationssystem ermöglicht die gleichzeitige Suche und zentrale Online-Bestellung in mehreren wissenschaftliche Bibliotheken in Hessen und Rheinhessen. **www.hebis.de**

Hessen-Active Directory

Das Verzeichnis listet Netzwerkressourcen wie Computer, Drucker, Faxgeräte usw. auf und erleichtert deren gemeinsame Nutzung. Dabei werden Berechtigungen, Verfügbarkeit und Ort mit einbezogen.

Hessenportal

Der Internetauftritt des Landes Hessen, der einerseits die Homepages der einzelnen Ministerien bündelt und einen Überblick über Themenbereiche des Landes gibt (Internetportal), und andererseits das Intranet des Landes sowie der Ministerien (Mitarbeiterportal) enthält. Die technische Infrastruktur basiert auf dem SAP-Enterprise-Portal i.V.m. dem Redaktionssystem ICContent.

HessenViewer

engl. Zuschauer, Betrachter: Visualisierungswerkzeug für Geodaten

HKM

Hessisches Kultusministerium
www.kultusministerium.hessen.de

HMdF

Hessisches Ministerium der Finanzen
www.hmdf.hessen.de

HMdI

Hessisches Ministerium des Innern und für Sport www.hmdi.hessen.de

HMdJ

Hessisches Ministerium der Justiz
www.hmdj.hessen.de

HMULV

Hessisches Ministerium für Umwelt, ländlichen Raum und Verbraucherschutz
www.hmulv.hessen.de

HMWK

Hessisches Ministerium für Wissenschaft und Kunst www.hmwk.hessen.de

HMWVL

Hessisches Ministerium für Wirtschaft, Verkehr und Landesentwicklung
www.wirtschaft.hessen.de

Hochverfügbarkeit

Gewährung eines hohen Maßes an Verfügbarkeit eines Dienstes, d.h. möglichst minimale Ausfälle wegen Rechnerausfall, Programmfehlern, Reparaturen oder Erneuerungen.

HSDPA

engl. High Speed Downlink Packet Access: ein Verfahren zur Übermittlung von Daten im Mobilfunk.

HSM

Hessisches Sozialministerium
www.sozialministerium.hessen.de

HSVV

Hessische Straßen- und Verkehrsverwaltung
www.verkehr.hessen.de

http

engl. Hyper Text Transfer Protocol: Regelwerk, nachdem Daten im Internet versandt werden.

https-Protokoll

engl. Hypertext Transfer Protocol Secure: Regelwerk für die Verschlüsselung und Authentifizierung in der elektronischen Datenübertragung zwischen Computerprogrammen (Client und Server) im Internet.

HZD

Hessische Zentrale für Datenverarbeitung (www.hzd.de). Zentraler IT-Dienstleister für die hessische Landesverwaltung.

I

ICContent

Ein Programm bzw. Redaktionssystem der Firma ICT, auf dem das Hessenportal beruht. Es handelt sich dabei um das CMS (Content Management System), das bei allen Hessen-Auftritten Anwendung findet.

Icon

Bildliches Symbol

Identity Management

Die Benutzerverwaltung des Mitarbeiterportals führt alle registrierten Mitarbeiterinnen und Mitarbeiter des Landes, ihre organisatorische Zugehörigkeit und die gegenseitigen Abhängigkeiten ihrer Dienststellen.

ILIAS-HE

Die nach dem Epos Homers benannte Befehlsstellensoftware ermöglicht und vereinfacht die Kommunikation innerhalb sowie zwischen Polizei, Feuerwehr und Katastrophenschutz auf Leitungsebene in Hessen.

Image

engl. Bild, auch Speicherabbild: das Abbild speichert die gesamte Struktur des Datenträgers. Vergleichbar mit der Beschreibung eines Gemäldes, die nicht nur die Abbildung umfasst, sondern auch Pinselführung, Leinwanddicke etc.

Incident Management

Prävention von, Umgang mit und Lösung von u. U. unvorhergesehenen Störfällen, die die Funktionsfähigkeit im IT-Bereich beeinträchtigen oder ganz zum Erliegen bringen.

Internet-Portal

Einstiegspunkt zu mehreren Informationsangeboten und Diensten, vergleichbar mit der Pforte in Gebäudekomplexen, die die existierenden Medien auflistet und den Weg dahin ausweist.

Interoperabilität

Die Möglichkeit, Dokumente und Daten verschiedenen IT-Systemen zur Verfügung zu stellen oder aus diesen zu übernehmen.

IntraPol

Intranet Polizei: Das interne Informationsangebot der Hessischen Polizei, mit Berichten, Rechtsvorschriften, Anweisungen etc. Hier angesiedelt ist auch die Onlinewache und der Einstieg zu dem bundesweiten Informationsverbund ExtraPol.

IP

Internetportal: Enthält die Internetauftritte der Ministerien und ihrer nachgeordneten Dienststellen und ist Teil des Hessenportals **www.hessen.de**

Internet Protocol, engl. Internetprotokoll: ein definiertes Verfahren, mittels dem Daten im Internet versandt und empfangen werden können.

IPCC

Das INPOL-Land Polas (Polizei-Auskunfts-System) Competence Center ist eine Kooperation der 12 Bundesländer, -polizei, -kriminalamt und des Zollkriminalamtes zur Weiterentwicklung von IT-basierten Projekten wie INPOL-Land, einer Software, die Zugriff auf verschiedene Datenbanken gewährt, so dass z. B. bei Festnahmen oder Fahndungen den zugriffsberechtigten Behörden Informationen zu Personen oder Straftaten etc. bereit gestellt werden können.

ISO/IEC 20000

Standard der International Organization for Standardization und der International Electrotechnical Commission bezüglich der Anforderungen an einen Dienstleister, der IT-Serviceleistungen anbietet.

ISPRAT

Das Institut für Interdisziplinäre Studien zu Politik, Recht, Administration und Technologie vereint Politiker, Wissenschaftler und führende IT-Unternehmen in einer Forschungskooperation.

IT-Controlling

IT-Controlling ist eine Unterkategorie eines organisationsweiten Controllings und beinhaltet die Anwendung des Controlling-Konzeptes auf den gesamten Einsatzbereich der Informations- und Kommunikationstechnologien. IT-Controlling soll u.a. steuerungsrelevante Daten sammeln und aufbereiten, Auswertungen, Abweichungsanalysen etc. bereitstellen, Korrekturmaßnahmen vorschlagen, Entscheidungsträger beraten und damit eine permanent verfügbare Steuerungsgrundlage für das IT-Management liefern.

ITIL

engl. IT-Infrastructure Library: Beschreibung von Best-Practice-Modellen und Organisationsformen, die sich mit dem Betrieb von IT-Infrastruktur beschäftigen mit dem Ziel, Unternehmen eine Orientierung zur kontinuierlichen Optimierung ihres IT-Einsatzes zu geben.

IT-Projekt

IT-Projekte sind gemäß der Definition des Bundesrechnungshofes zielgerichtete, zeitlich, personell und sachlich abgegrenzte IT-Vorhaben zur Entwicklung und Pflege von Verfahren. Sie sind somit IT-Vorhaben, deren Ergebnis IT-Verfahren sind. IT-Vorhaben beinhalten die Konzeption, die Entwicklung, die Einführung und wesentliche Änderungen von IT.

IT Service Management (ITSM)

Die Organisation und Gestaltung des Einsatzes von IT im Unternehmen mit dem Zweck, dieses in der Erreichung seiner Unternehmensziele zu unterstützen.

itSMF

Das IT Service Management Forum ist die weltweit einzige unabhängige Vereinigung, die sich mit IT Service Management beschäftigt. Sie hat es sich zum Ziel gesetzt, diesen Bereich weiterzuentwickeln und kontinuierlich zu optimieren.

K

Kabinettsausschuss „Verwaltungsreform und Verwaltungsinformatik"

Steuert und koordiniert die Verwaltungsreform in der Regel durch Beschlüsse und trifft grundlegende Vorgaben für den Reformprozess in der Regel durch so genannte Politische Steuerungspapiere.

KBSt-IT

Koordinierungs- und Beratungsstelle der Bundesregierung für Informationstechnik in der Bundesverwaltung **www.kbst.bund.de**.

KIVD

Das Projekt Kommunikationsinfrastruktur für die öffentliche Verwaltung Deutschlands ist Teil des Aktionsplans Deutschland-Online und betreibt den Aufbau einer integrierten, sicheren Kommunikationsinfrastruktur für die Verwaltung innerhalb der Deutschlands als auch zu anderen Staaten. Das Projekt firmiert seit Mitte 2007 unter der Bezeichnung DI (Deutschland Infrastruktur).

KONSENS

Vgl. Verfahrensverbund KONSENS

Kosten- und Leistungsrechnung (KLR)

Die KLR ist Teil des internen Rechnungswesens, der sich mit der systematischen Erfassung und Auswertung der innerhalb einer Abrechnungsperiode entstandenen Kosten und Leistungen beschäftigt.

L

Landesreferenzmodell Rechnungswesen (LRM ReWe)

Speziell auf die Anforderungen und Bedürfnisse der Hessischen Landesverwaltung zugeschnittene bzw. angepasste Version der Software SAP für das Rechnungswesen. Im LRM ReWe sind alle Verwaltungsprozesse des Landes Hessen einheitlich für alle Dienststellen in einem datenverarbeitungsgestützten Verfahren hinterlegt.

Layout

Im Rahmen des Internet die Gestaltung der Webseiten wie Wahl der Schriftart, Farbe, Überschrift etc.

Legic-Chip

Mithilfe eines Legic-Chips und eines entsprechenden Lesegeräts können Daten kontaktlos übertragen werden, was z. B. bei der Arbeitszeiterfassung angewandt wird. Mitarbeitende tragen den Chip bei sich; wenn sie in den Bereich des Lesegeräts treten, werden die Daten abgerufen.

Leistungsplan

Listet die Ist- und Planzahlen des aktuellen Jahres kumuliert bis zur ausgewählten Periode auf.

Lernplattform

Eine Lernplattform bietet verschiedene Funktionen an, die zum Ziel haben, Kenntnisse zu vermitteln oder den Lernprozess zu unterstützen, wie z. B. Übungen, Tests oder Foren. Ein Beispiel für eine Lernplattform ist k-MED. **www.k-med.org**

LMO

Liste Managed Objects: Liste von Informationskategorien, die verwaltet werden. Beispiele für die Kategorien sind Namen, Arbeitszeiten oder Telefonnummern.

LRM

Das Landesreferenzmodell ist ein beispielhaftes Grundmodell, das zur Planung ähnlicher weiterer Modelle oder als Grundlage für deren Umsetzungen in Hessen dient.

LRM HR

Das Landesreferenzmodell Human Resources umfasst die programmtechnischen Anforderungen zur Erfüllung von Personalmanagementprozessen (in Hessen SAP Modul HR).

LUSD

Lehrer- und Schülerdatenbank, die der Datenverwaltung im Schulbereich dient.

M

MAP

Mitarbeiterportal: Vereint das Landesintranet sowie die Intranets der Ministerien, ist Teil des Hessenportals und nur für Landesbedienstete erreichbar.

Masterplan

engl. Rahmenplan: Plan, der die Grundzüge der Realisierung eines Ziels wiedergibt, inklusive der damit verbundenen Meilensteine. In dem hessischen E-Government-Masterplan 2003-2008 wird die Einführung einer Vielzahl von herausragenden E-Government-Projekten des Landes zeitlich strukturiert. Der Kabinettsausschuss „Verwaltungsreform und Verwaltungsinformatik" hat am 28. Oktober 2003 den E-Government Masterplan 2003–2008 verabschiedet.

MDC

Die Software Muster DMS Client ist ein Dokumentenmanagementsystem-Programm, das an die spezifischen Anforderungen der Sachbearbeitung in der hessischen Landesverwaltung angepasst ist.

MDK

Der Hessische Metadatenkatalog informiert über Umwelt- und Geodatenbestände der hessischen Landesbehörden.

Medienbruch

Ein Medienbruch findet statt, wenn das Medium, das eine Information enthält, gewechselt wird, wie z. B. das Abnehmen von Fingerabdrücken auf Papier, die dann eingescannt und in einer elektronischen Datei zur Verfügung stehen.

MESTA

Mehrländer-Staatsanwaltschafts-Automation: Ein Programm, das die Sachbearbeitung bei der Justiz vereinfacht und beschleunigt.

Meta Directory Hessen

Das landesweite Verzeichnis, das zentral digitale Benutzeridentitäten speichert und verwaltet und damit die technische Grundlage dafür bildet, dass Nutzerinnen und Nutzer mit einmaliger Authentifizierung mittels Single-Sign-On entsprechend ihrer Berechtigung Zugang zu diversen Diensten erhalten.

Microsoft Exchange Cluster

engl. Austausch Gruppierung: Internetbasierter Service, der die Zusammenarbeit zwischen mehreren Personen erleichtert, z. B. durch die verlässliche Bereitstellung eines E-Mail-Programms oder eines gemeinsamen Terminkalenders.

MIS-Hessen

Das Metainformationssystem Hessen soll zukünftig der Recherche zu Geodaten der Landesverwaltung dienen und ist ein zentraler Bestandteil des Geodateninformationssytems-Hessen (GIS).

mPOL

Mobile Computing Polizei ermöglicht Polizeibeamten den sicheren mobilen Zugriff auf alle wichtigen polizeilichen Informationssysteme der Polizei. Vor Ort gewonnene Daten können an zentrale Stellen übermittelt werden.

N

Navigation

Die Navigation beschreibt die organisatorische Struktur einer Webseite. Der Anwender ruft die Inhalte über Menüs und Links (inhaltliche Verknüpfungen) auf. Sowohl Navigation als auch Inhalte sollten den Vorschriften der Barrierefreiheit entsprechen.

Netweaver

Die umfassende Integrations- und Anwendungsplattform des SAP-Software-Pakets, die Informationen und Geschäftsprozesse zusammenführt.

NIST-Standard

engl. National Institute of Standards and Technology: Standard (Advanced Encryption Standard – AES) für die Verschlüsselung von Daten, definiert von der gleichnamigen US-Behörde.

Normprüfung

Verfahren, in dem z. B. ein Produkt dahingehend überprüft wird, ob es bestimmte Normen erfüllt.

NVS

Die „Neue Verwaltungssteuerung" führt zeitgemäße Management-Instrumentarien, wie das kaufmännische Rechnungswesen, in die Verwaltung ein.

O

Onlinewache

Die Onlinewache ist Teil des E-Government-Portals und ermöglicht Bürgerinnen und Bürgern die Übersendung von Informationen (z. B. Mitteilungen, Strafanzeigen) an die Polizei.

OSCI-Protokoll

engl. Online Services Computer Interface: Norm, die umfassend die Kommunikation auf elektronischem Wege regelt (z. B. das Format, die Reihenfolge etc.) mit besonderem Augenmerk auf Sicherheit.

OSCI-Transport

engl. Online Service Computer Interface: etwa Schnittstelle, eine einheitliche Übertragungsmethode zum Versand von Daten.

OSCI-XMeld

engl. Online Service Computer Interface: etwa Schnittstelle, ein einheitliches Format zur Übertragung von Daten für das Einwohnermeldewesen.

PB

Die Anwendung „Personalbeschaffung" dient u. a. der Veröffentlichung von Lehramt-Stellenausschreibungen im Internet und ist eine Komponente des Landesreferenzmodells Personalwesen.

PHB

Das Projekthandbuch für E-Government-Projekte in Hessen enthält umfassend Prozessbeschreibungen, Vereinbarungen und andere Aspekte des Projektmanagements.

PIA

Über die „Portalintegrierte Authentifizierung" erfolgt die automatische Erkennung der Bediensteten, sobald sie sich an ihrem Computer angemeldet haben.

PKI

Im Rahmen der Public Key Infrastructure führt Hessen landesweit eine Multifunktionskarte ein, in der ein normierter Legic-Chip für kontaktlose Zugangskontroll-, Zeiterfassungs- und Bezahlsysteme integriert ist.

Podcast

Ein Audio- oder Videobeitrag – oftmals mehrteilig, der über das Internet verschickt wird oder abgerufen werden kann.

POLAS

Das Polizei-Auskunfts-System ist eine Bündelung verschiedener umfangreicher Programme, die Zugriff auf diverse Datenbanken ermöglicht und eine Recherchefunktion besitzt, die existierende Informationen in Zusammenhang setzen kann.

P-Online

Polizei-Online ist eine Art virtuelle Schule, in der Polizeibeamte von ihrem PC aus an Fortbildungsveranstaltungen teilnehmen, aber auch die Anmeldung und Dokumentation ihrer Weiterbildung vornehmen können. Es ist ein gemeinsames Projekt der Länder Baden-Württemberg und Hessen.

PPP

engl. Public-Private-Partnership: öffentlich private Partnerschaft, Kooperation zwischen der Öffentlichen Hand und der Privatwirtschaft.

Produkthaushalt

Der Produkthaushalt wird in Form eines Wirtschaftsplans (Leistungs-, Erfolgs- und Finanzplan) aufgestellt. In dem Wirtschaftsplan wird festgelegt, welche Art, Menge und Qualität von Produkten die jeweilige Organisationseinheit mit ihrem Budget erbringen soll und welche Ziele und Wirkungen damit erreicht werden sollen.

Programmbibliothek

Mehrere Programmmodule, die zur Erfüllung bestimmter ergänzender Funktionen von einem oder mehreren Hauptprogrammen zusätzlich genutzt werden.

Program Management Board

Das Program Management Board ist der Nachfolger des ehemaligen Landesautomationsausschusses, in dem die IT-Beauftragten bzw. IT-Referatsleiter der Ressorts vertreten sind. Das Program Management Board befasst sich mit strategichen Sachverhalten und fungiert als Lenkungsausschuss für die E-Government-Projekte.

Projekt 115, Behördenrufnummer

Das Projekt hat zum Ziel, den Bürgerinnen und Bürgern eine zentrale Rufnummer zur Verfügung zu stellen, unter der Ansprechpartner alle denkbaren Anfragen an öffentliche Behörden klären oder an die richtigen Stellen weitervermitteln.

PTLV

Das Präsidium für Technik, Logistik und Verwaltung ist der zentrale Dienstleister der Hessischen Polizei. Sie ist weiterhin u. a. verantwortlich für die Entwicklung und Beschaffung von polizeilichen Einsatzmitteln und die Betriebsfähigkeit ihrer IT-Netze. Das PTLV hat auch die Aufgabe der überregionalen Fernmeldezentrale der Hessischen Polizei.

R

Releasewechsel

engl. Veröffentlichung: Der Wechsel von einer (Software-) Version zu einer neueren Ausgabe.

Ressortbeauftragte

Von den Ministerien benannte Personen, die die E-Government-Projektleitung bei ressortübergreifenden IT-Fragestellungen unterstützen und beraten (z. B. Ressortbeauftragte/r Portal).

RSS-Feed

Really Simple Syndication: RSS ist ein elektronisches Format, das besonders für die Verbreitung bzw. den Empfang von Nachrichten geeignet ist. Ein RSS- oder News-Feed ist eine Datei, die in diesem Format eine Meldung oder Nachricht enthält.

SAP AG

(Systeme, Anwendungen, Produkte in der Datenverarbeitung) Unternehmen und Vertragspartner der Landesregierung

SAP-Enterprise-Portal

Eines der beiden Programme, auf denen das Hessenportal beruht. Es realisiert Funktionen wie die Suche nach Begriffen oder den Wechsel zwischen den dort eingefügten Seiten.

SAP HR-Komponenten

- Personaladministration (PA)
- Personalzeitwirtschaft (PZ)
- Organisationsmanagements (OM)
- Personalkostenplanung (PKP)
- Stellenwirtschaft (SW)
- Veranstaltungsmanagement (VM)
- Personalbeschaffung (PB)
- Personalentwicklung (PE)
- Personalabrechnung (PABR)
- Versorgungsadministration (VADM)
- Versorgungsabrechnung (VABR)

SAP-Module

- HR (Human Resources/ Personalwirtschaft)
- FI (Financials/ Finanzbuchhaltung)
- AA (Asset Accounting/ Anlagenbuchhaltung)
- CO (Controlling/Kostenrechnung)
- PSM (Public Sector Management/ Haushaltsmanagement)
- SD (Sales & Distribution/Vertrieb)
- MM (Materials Management/ Materialwirtschaft)
- TR (Treasury/Zahlungsmanagement)
- PS (Project System/Projektsystem)
- IM (Investment Management/ Investitionsmanagement)
- PM (Plant Maintenance/Instandhaltung)
- RE (Real Estate/Immobilienmanagement)
- LUM (Land Use Management/ Liegenschaftsverwaltung)

Server

Engl. „Bediener": Ein Programm, Computer oder ein System aus beidem, der bestimmte Dienste anbietet und diese Nutzern über Clients zugänglich macht.

Service Level Management

Das Service Level Management ist für die Güte der Serviceleistungen verantwortlich, begonnen mit deren Entwurf über die Qualitätskontrolle bis hin zu Verbesserungen.

SSO

Single-Sign-On: Möglichkeit, durch einmaliges Authentifizieren Zugriff zu einer ganzen Reihe von unterschiedlichen Diensten zu erlangen. Beispiel: einmaliges Authentifizieren auf der Startseite eines Portals, das die Benutzung aller Dienste dieses Portals erlaubt.

SLIMP

SLIM Portal, *engl.* schlank, schmal: Ein Programm, das die Ladezeit einer Webseite erheblich verringert. Dies ermöglicht es auch Nutzerinnen und Nutzern mit niedriger Datenübertragungsrate, das Hessenportal ohne lange Wartezeit aufrufen zu können.

SOA

Serviceorientierte Architektur: Die an ihren Aufgaben im und für ein Unternehmen orientierte Gestaltung der IT-Technologie mit dem Ziel, flexibel auf wechselnde (Kunden-) Bedürfnisse reagieren zu können. Ein Dienst (*engl.* Service) ist eine in sich abgeschlossene und gekapselte Programmfunktionalität, die im SOA-Umfeld zur Unterstützung von Geschäftsprozessen genutzt werden kann.

Software-Architektur

Gesamtheit der z. B. für ein Portal benötigten Programme und Daten sowie deren Vernetzung und Zusammenarbeit.

Standardkostenmodell (SKM)

Das in den Niederlanden entwickelte Modell schätzt die Kosten, die dem Bürger, der Verwaltung und der Wirtschaft durch gesetzlich geforderte Informations- und Berichtspflichten entstehen.

StK

Staatskanzlei
www.staatskanzlei.hessen.de

Support Desk

Ein Dienst, der Fragen und Probleme von Kunden, z. B. mit einer Software, bearbeitet und löst.

T

Technisches HCC

Virtueller Bestandteil des HCC; die Betreuung der technischen Infrastruktur des SAP-Systems wird von der Hessischen Zentrale für Datenverarbeitung wahrgenommen.

U

UDK-Hessen

Der Umweltdatenkatalog-Hessen informiert über die Umweltdaten der Landesbehörden und Institutionen, d. h. er listet auf, welche Daten von wem in welcher Qualität erfasst werden und wo sie zu finden sind.

User-Help-Desk (UHD)

Einrichtung, die Hilfe und Unterstützung für die Nutzerinnen und Nutzer anbietet.

UMTS

Universal Mobile Telecommunications System: Ein Mobilfunksystem, das Möglichkeiten für vielfältige Funktionen bietet wie Telekommunikation, Internetzugang etc.

UMS

Unified Messaging System: Dienst, mit dem sowohl alle Arten von eingehenden elektronischen Nachrichten (E-Mail, SMS, FAX etc.) in ein einziges Format gebracht und abgerufen als auch versandt werden können.

V

VEMAGS

Das Programm VerfahrensManagement für die Genehmigung von Großraum- und Schwertransporten.

Veranstaltungsmanagement (VM)

U. a. ein Programm zur Veröffentlichung von Bildungsveranstaltungen hessischer Dienststellen inkl. Such- und Anmeldefunktion, eine Komponente des Landesreferenzmodells Personalwesen.

Verfahrensverbund KONSENS

Koordinierte Neue Software Entwicklung für die Steuerverwaltung, ein Projekt der Länder und des Bundes zur Entwicklung, Bereitstellung und Produktion einer bundeseinheitlichen Software für den Steuerbereich.

Verwaltungsmodernisierung

Eine Erhöhung der Effizienz der öffentlichen Verwaltung mit u. a. den Zielen der Kostensparnis und größeren Bürgerfreundlichkeit. Dies soll beispielsweise mittels Informations- und Qualitätsmanagement erreicht werden.

VSAT

Very Small Aperture Terminal, *engl.* etwa sehr kleiner Öffnungsanschluss: Mobiles Satellitenkommunikationssystem.

VPS

Virtuelle Poststelle: Die zentrale Vermittlungsstelle des Landes für elektronische Post, die Nachrichten verschlüsselt und rechtssicher empfangen und versenden kann.

W

Web Based Training

Das Lernen am PC mit Hilfe von Lektionen, die im Internet zur Verfügung gestellt werden.

Wirtschaftsplan

Der Wirtschaftsplan ist im Produkthaushalt das zentrale Element des Haushaltsplans. Er setzt sich aus dem Leistungs-, Erfolgs- und Finanzplan und einer Überleitungsrechnung zusammen. Daneben ist ein rudimentärer kameraler Haushalt zu erstellen, der sich aus der Überleitung der Konten auf kamerale Titel ergibt.

WLAN

Wireless Local Area Network: ein lokales Netzwerk, das über Funk (ohne Leitungen) miteinander in Verbindung steht.

X

XJustiz

Die Definition eines Datensatzes im elektronischen Rechtsverkehr, um den Austausch strukturierter Daten zu erleichtern.

Z

ZEVIS

Das Zentrale Verkehrs-Informationssystem ist eine Datenbank des Kraftfahrt-Bundesamtes mit Informationen zu Fahrzeugen und Haltern.

Zielsystem

Alle Ressorts entwickeln ein Zielsystem, in dem die Zielsetzungen der Landesregierung vor dem Hintergrund fachlicher Rahmenbedingungen in systematischer Form dokumentiert sind. Das Zielsystem stellt den Bezug zu dem Regierungsprogramm und den gesetzlich festgelegten Aufgaben her. Ein Zielsystem besteht jeweils aus einem Oberziel und acht bis zwölf Fachzielen, denen die Produkte zugeordnet werden. Die Produkte müssen eindeutig einem Fachziel zugeordnet werden.

ZME

Die Anwendung Zeit- und Mengen-Erfassung ist ein Programm zur Erhebung der Arbeitszeit der Landesbediensteten.

ZRK

Zentrale Redaktionskonferenz, in der alle Ministerien zur Abstimmung und Fortschreibung der zentralen Inhalte des Mitarbeiter- und Internetportals vertreten sind.

5

Das Portal hessen.de

**Ein Film über die zentrale
E-Government-Plattform Hessens**

Schwerpunktthemen:

- E-Vergabe
- Geoinformationen
- Onlinewache der Hessischen Polizei
- Kriseninformationssystem akut.hessen.de
- Virtuelle Poststelle / EGVP

DMS – Dokumenten-Management-System

**Ein Film über Dokumentenmanagement
in der hessischen Landesverwaltung**

Schwerpunktthemen:

- E-Beihilfe
- DMS in der Justiz (elektronische Gefangenenakte)
- E-KIS (Elektronisches Kabinettsinformationssystem)
- digitale Signatur
- E-Einbürgerung
- Beispiele aus Österreich

„Hessen E-Government 2003 bis 2008"

Das Buch als PDF

DVD mit E-Government-Filmen